Fein, Leicht, Vegetarisch

Fein, Leicht, Vegetarisch

Rose Elliot

UMSCHAU

First published in Great Britain in 2007 by Hamlyn, a division of Octopus Publishing Group Ltd 2-4 Heron Quays, London E14 4JP
Titel der englischen Originalausgabe: Veggie Chic

Übersetzung
Martina Höppner, Rödermark

Satz
Gerda Günther, posi.tiff Dienstleistungen GmbH

Printed in China
ISBN: 978-3-86528-282-8

Hinweis
Wenn nicht anders angegeben, sollten frische Kräuter verwendet werden. Sind diese nicht erhältlich, getrocknete Kräuter verwenden, dafür aber die angegebenen Mengen halbieren.

Kontrollieren sie immer Packungsangaben, um sicherzugehen, dass sie keine tierischen Produkte wie Gelatine enthalten.

Einige Gerichte enthalten Nüsse, Mandeln oder Ähnliches. Menschen, die überempfindlich oder allergisch auf Nüsse reagieren, oder solche, die Gefahr laufen eine Allergie zu entwickeln, wie ältere Menschen, Babys, Kinder, Schwangere und stillende Frauen, sollten auf Nüsse und Nussöle verzichten. Außerdem empfehlen wir, die Packungsangaben von vorgefertigten Zutaten sorgfältig zu lesen, weil hier möglicherweise Nüsse, Mandeln oder Ähnliches enthalten sein können.

Soweit nicht anders angegeben, werden in den Rezepten mittelgroße Eier verwendet. Einige Gerichte enthalten rohe oder nur leicht gegarte Eier. Schwangere, Stillende, Kranke, Babys und kleine Kinder sowie ältere Menschen sollten diese Gerichte vermeiden.

Die Ratschläge in diesem Buch sind von den Autoren und dem Verlag sorgfältig erwogen und geprüft, dennoch kann eine Garantie nicht übernommen werden. Eine Haftung der Autoren und des Verlags für Personen-, Sach- und Vermögensschäden ist ausgeschlossen.

Rezepte für Veganer sind mit V gekennzeichnet.

Besuchen Sie uns im Internet
www.umschau-buchverlag.de

Inhalt

Einleitung

Als man mich danach fragte, „Fein, leicht, vegetarisch" zu schreiben, war ich begeistert. Ich wollte schon seit einiger Zeit ein „besonderes" vegetarisches Kochbuch schreiben, um zu zeigen, wie luxuriös und köstlich vegetarisches Essen sein kann. Außerdem wollte ich die ewige Frage klären, wie man für Gäste vegetarisch kochen kann. Das war meine Chance. Aber „*feines*" Gemüse? Was sollte das genau heißen?

Im Wörterbuch findet man für „fein" zum Beispiel die Definition: „Vielseitig und reich an Inhaltsstoffen, die harmonisch aufeinander abgestimmt sind".

Das rief ein Bild in mir hervor: Rezepte, die etwas Besonderes hatten – sie sollten frisch, frech, umwerfend und dennoch einfach sein. Sie sollten nicht viel Zeit in Anspruch nehmen, aber definitiv beeindrucken. Wenn man viel Zeit und Energie in die Zubereitung eines besonderen Essens gesteckt hat, gehören zur Belohnung neben dem guten Geschmack und der Geselligkeit die vielen „Ohs" und „Ahs" Ihrer Gäste und die leeren Teller am Ende der Mahlzeit. Welcher Koch freut sich darüber nicht?

Ich begann, Rezepte zu erfinden und auszuprobieren, die meiner Meinung nach „erfinderisch und doch einfach" waren. Dabei hatte ich viel Spaß und so manche erinnerungswürdige Mahlzeit. Einige Rezepte waren einfach. An dem Abend, als ich die Pilz-Tempura testete, saßen wir alle um den Küchentisch, tranken Wein und probierten die heißen, knusprigen Teilchen, sobald sie aus der Pfanne kamen, mit verschiedenen Dips, um zu sehen, welcher am besten dazu passte – oder jedenfalls war das die Ausrede…

Anders, aber ebenfalls erfolgreich war die Party, bei der ich so viele Rezepte wie möglich ausprobieren wollte. Die kleinen Mini-Muffins mit Nussbraten waren die Stars des Abends und sollten gesondert erwähnt werden. Aber auch von den anderen Köstlichkeiten aus dem Kapitel Partybuffets blieb kein einziger Krümel übrig.

Bei einem weiteren unvergesslichen Abendessen gab es Bloody-Mary-Gelee gefolgt von warmem Artischockensalat mit Pfifferlingen, danach kleine Erbsen-Spinat-Törtchen mit Minze und als krönenden Abschluss Rosé-Champagner-Granita mit Himbeeren. Dieses Menü klingt zunächst Respekt einflößend, aber wenn man sich die einzelnen Rezepte anschaut, sind sie jedes für sich recht einfach und vieles kann gut vorbereitet werden – eines der Geheimnisse von erfolgreicher und stressfreier Bewirtung von Gästen.

Als ich an diesem Buch arbeitete, probierte ich die Rezepte an jedem aus, der verfügbar war. Die Leute pro-

bierten und sagten mir ihre Meinung und ich änderte die Rezepte entsprechend ab. Die Rezepte sind also nicht nur für eine kleine, verwöhnte Zielgruppe, sondern gefallen den unterschiedlichsten Leuten und können von jedem zubereitet werden, der durchschnittliche Erfahrung im Kochen hat.

Sie können auch je nach Gelegenheit angepasst werden. Viele, vermutlich sogar die Mehrheit der Rezepte, sind sehr einfach und lassen sich gut vorbereiten. Die Reisnudeln mit Chili-Ingwer-Gemüse und die Kürbisse gefüllt mit marokkanischem Reis, die Kohl-Kartoffelpuffer mit Rote Bete-Relish oder die Riesenchampignons en Croûte – sie alle sind einfach zuzubereiten. Man kann sie mit Salat oder einer Gemüsebeilage servieren oder zu fantastischen Menüs mit mehreren Gängen kombinieren.

Für ein besonders atemberaubendes Menü wählen Sie als Hauptspeise den Kichererbsenkuchen mit geröstetem Zitronen-Honig-Gemüse, das Kartoffelgratin mit weißen Trüffeln oder die Dauphinoise-Roulade mit Mangold-Dolcelatte-Füllung. Es gibt so viele Möglichkeiten. Wie einfach oder ausgefallen, entspannt oder elegant Ihr Festmahl wird, entscheiden Sie selbst.

Mein Rat ist folgender: Egal, ob sie nach der Arbeit ein schnelles Essen für ein oder zwei Personen zubereiten oder ein Fünf-Gänge-Menü für zehn Personen kochen – Sie sollten immer kochen, was Sie auch selbst gerne essen. Wenn Sie Gäste haben, bereiten Sie so viel wie möglich vor und – wenn Sie leicht nervös werden oder so viel Zeit wie möglich mit Ihren Gästen verbringen möchten – suchen Sie Rezepte aus, die fast vollständig zubereitet werden können, solange die Gäste noch nicht da sind. Das Wichtigste aber ist: Entspannen Sie sich und genießen Sie Ihr Fest!

Ein gutes Essen besteht aus mehr als nur Zutaten und Rezepten. Genauso wichtig sind Vergnügen, Großzügigkeit, Wärme und das Teilen. Was zählt, ist nicht, ob Ihr Menü so perfekt wie im Restaurant gelingt (dafür gibt es ja Restaurants), sondern die Stimmung dabei. Ist sie gut, kann Essen heilen, trösten, verbinden, aufheitern, erheben und die Seele genau wie den Körper ernähren – und das macht auch Ihr Essen gut. Anderen durch selbst gekochtes Essen Vergnügen zu bereiten, ist eine der einfachsten, aber tiefsten Freuden, die es gibt.

Verlockende Vorspeisen und Beilagen

Eine gelungene Vorspeise kitzelt die Geschmacksnerven wach und bereitet auf die Genüsse der Hauptspeise vor. Außerdem sollte sie leicht herzustellen und möglichst gut vorzubereiten sein. Auf die folgenden Vorspeisen- und Beilagenrezepte treffen diese Voraussetzungen besonders gut zu.

Würziger Salat mit Granatapfel und Pekannüssen

nüsse salat kerne

V

Für 4 Personen
Vorbereitung: 10 Min.
Garzeit: 12 Min.

100 g Pekannüsse, grob zerbrochen
1 EL Balsamicoessig
2 EL Olivenöl
250 g würzigen Salat wie Rucola oder Brunnenkresse
1 Granatapfel
Salz und Pfeffer nach Geschmack

1 Die Pekannüsse auf einem Blech ausbreiten und im vorgeheizten Ofen bei 180 °C (Gasherd: Stufe 4) 12 Min. rösten, bis sie leicht gebräunt sind und duften. Aus dem Ofen nehmen und auf einen Teller geben, damit sie auf dem heißen Blech nicht verbrennen.

2 Mit Balsamicoessig, Olivenöl, Salz und Pfeffer ein Salatdressing herstellen und in eine große Schüssel geben.

3 Salatblätter auf das Dressing geben, aber noch nicht vermischen. Den Granatapfel halbieren und die Kerne herauslösen. Mit den Pekannüssen zum Salat geben.

4 Mit dem Dressing vermischen und sofort servieren.

Wakame-Gurkensalat mit Frühlingszwiebeln und Reisessig

wakame mirin

V

Für 4 Personen
Vorbereitung: 10 Min.
zzgl. Zeit zum Einweichen

5 g Wakame-Algen
1/2 Salatgurke, geschält und in feine Streifen geschnitten
6 Frühlingszwiebeln, gehackt
1 EL Reisessig
1 EL Mirin oder ein Spritzer Honig
1 EL Shoyu oder Tamari
Salz, Pfeffer und Zucker nach Geschmack
etwas gerösteten Sesam

1 Wakame mit kochendem Wasser bedecken und 10 Min. einweichen lassen. Abgießen und hacken oder klein schneiden.

2 Gurke und Frühlingszwiebel in eine Schüssel geben. Wakame, Reisessig, Mirin oder Honig und Shoyu oder Tamari dazugeben, vermischen und mit Salz, Pfeffer und Zucker abschmecken.

3 In eine flache Schale oder auf vier Teller geben, mit etwas geröstetem Sesam bestreuen und sofort servieren.

Stilton-Kirsch-Salat mit Zimtdressing

stilton sherry

Für 4 Personen
Vorbereitung: 10 Min.
zzgl. Zeit zum Marinieren

50 g getrocknete Kirschen
2 EL Sherry, Portwein oder anderen starken Wein
1 großer Kopfsalat, in Stücke gerupft, oder etwa 450 g gemischte Salatblätter
50 g Blue Stilton (oder anderer Blauschimmelkäse), zerbröselt
50 g Mandelblättchen, geröstet

Zimtdressing:
4 EL Olivenöl
2 EL Himbeeressig
2 TL Roh-Rohrzucker
1 TL gemahlener Zimt
Tabascosauce, Salz und Pfeffer nach Geschmack

1 Die getrockneten Kirschen mit Sherry oder Portwein übergießen und beiseite stellen. Wenn genug Zeit ist, einige Stunden marinieren, umso besser schmecken die Kirschen.

2 Für das Dressing Olivenöl, Himbeeressig, Zucker, Zimt und einige Tropfen Tabascosauce verschlagen und mit Salz und Pfeffer abschmecken.

3 Den Salat mit Stilton, Mandeln und Kirschen sowie dem restlichen Wein in eine Schüssel geben. Das Zimtdressing darüber geben und vorsichtig vermischen. Sofort servieren.

Dieses Rezept ist die abgewandelte Version eines Salats, den Robert Bruce im Smith & Wollensky in New Orleans serviert hat. Es ist sehr wärmend und festlich.

Warmer Artischockensalat mit Pfifferlingen

knoblauch pilze

Für 4 Personen
Vorbereitung: 30 Min.
Garzeit: 50 Min.

4 Artischocken, Stiele entfernt
2 EL Olivenöl
25 g Butter
250 g Pfifferlinge
4 Knoblauchzehen, fein gehackt
1 Spritzer Zitronensaft
1 roter Eichblattsalat
Schnittlauchröllchen
Salz und Pfeffer nach Geschmack

Vinaigrette:
2 EL Balsamicoessig
6 EL Olivenöl, extra virgin

1 Artischocken in kochendem Wasser etwa 45 Min. kochen, bis man die Blätter leicht abzupfen kann. Abgießen und unter fließendem kalten Wasser schnell abkühlen. Die Blätter abzupfen, darunter liegende Härchen entfernen und die Böden in dicke Scheiben schneiden.

2 Für das Dressing Balsamico, Olivenöl und eine großzügige Menge Salz in ein verschließbares Gefäß füllen und schütteln, bis sich alles gut verbunden hat.

3 Kurz vor dem Servieren Olivenöl und Butter in einer Bratpfanne erhitzen. Knoblauch und Pfifferlinge hineingeben und einige Minuten dünsten, bis die Pilze weich sind und die Kochflüssigkeit verdunstet ist. Die Artischockenböden dazugeben und 1–2 Min. erhitzen, dabei oft rühren. Mit einem Spritzer Zitronensaft und etwas Salz und Pfeffer würzen.

4 Während die Pfifferlinge dünsten, den Salat auf 4 Tellern anrichten und mit etwas Dressing beträufeln. Die Pfifferlinge und Artischockenböden darüber geben, mit Schnittlauchröllchen bestreuen und sofort servieren.

Wenn Sie zwei große Töpfe haben, ist es einfacher, die Artischocken im Ganzen zu kochen, statt Blätter und Härchen vorher zu entfernen.

Frittierte Schwarzwurzeln mit Kaperncrème

zitrone crème fraîche

Für 4 Personen
Vorbereitung: 30 Min.
Garzeit: 20 Min.

700 g Schwarzwurzeln
2 EL frisch gepresster Zitronensaft
1 EL Olivenöl
1 EL Rotweinessig
2 große Eier, verschlagen
Mehl zum Wenden
75 g Paniermehl
Raps- oder Erdnussöl zum Frittieren
Salz und Pfeffer nach Geschmack
Zitronenspalten zum Servieren

Kaperncrème:
2 EL Mayonnaise
2 EL Crème fraîche
1 EL Kapern, abgespült

1 Schwarzwurzeln unter fließendem kalten Wasser schälen, in etwa 3 cm lange Stücke schneiden und in einen Topf mit Wasser und einem Esslöffel Zitronensaft geben. Dabei sollte man Handschuhe tragen, um seine Hände zu schützen. Wenn die Schale nicht ganz abgeht und einige kleine Flecken zurückbleiben, ist das nicht schlimm.

2 Die Stücke etwa 10 Min. kochen, bis sie weich sind, dann abgießen, den restlichen Zitronensaft, das Olivenöl, Essig sowie etwas Salz und Pfeffer hinzufügen und abkühlen lassen.

3 In der Zwischenzeit Mayonnaise, Crème fraîche und Kapern vermischen und mit Salz und Pfeffer abschmecken.

4 Schwarzwurzelstücke in Ei, Mehl, wieder in Ei und abschließend in Paniermehl wenden, sodass sie rundum gleichmäßig bedeckt sind.

5 Öl auf 180–190 °C erhitzen. Wenn ein Brotwürfel in 30 Sek. bräunt, ist es heiß genug. Die Schwarzwurzelstücke etwa 3 Min. darin frittieren, bis sie goldbraun und knusprig sind. Auf Küchenpapier abtropfen lassen und sofort mit Zitronenspalten und Kaperncrème servieren.

Schwarzwurzeln sind längliche Wurzeln mit schwarzer Schale und weißem Fleisch. Wenn sie frisch nicht erhältlich sind, kann man auch tiefgekühlte oder eingekochte Schwarzwurzeln verwenden. Geschmack und Textur sind in jedem Fall einzigartig.

Scharfsaure Pilzsuppe

limette koriander

V

Für 4 Personen
Vorbereitung: 10 Min.
zzgl. Zeit zum Ruhen
Garzeit: 15–20 Min.

1 TL thailändische rote Currypaste
125 g Shiitake-Pilze, in feinen Scheiben
1 Bund Enoki-Pilze, geputzt
1 rote Chili, entkernt und in Ringe geschnitten
20 g frisches Koriandergrün, gehackt
Saft einer Limette
2–3 EL Shoyu oder Tamari
Salz nach Geschmack

Thai-Brühe:
2–3 Zitronengrasstängel, mit dem Nudelholz zerdrückt
6 getrocknete Limettenblätter, evtl. 6 weitere Blätter zum Garnieren
Stiele von einem kleinen Bund Koriandergrün
2 daumengroße Stücke Ingwer, geschält und in Scheiben
1 l Wasser

1 Für die Brühe Wasser, Zitronengras, Limettenblätter, Korianderstiele und Ingwer aufkochen, die Hitze reduzieren und 10 Min. köcheln lassen. Vom Herd nehmen und zugedeckt 30 Min. stehen lassen, damit sich die Aromen entfalten können. Flüssigkeit in einen sauberen Topf abseihen und Gewürze entfernen.

2 Currypaste, Pilze und Chili zur Brühe geben, erhitzen und 3–4 Min. köcheln lassen, bis die Pilze gar sind.

3 Koriander, Limettensaft, Shoyu oder Tamari und etwas Salz hinzufügen, vorsichtig erhitzen und in Suppenschalen servieren. Wenn gewünscht, mit Limettenblättern garnieren.

Eine exotische Suppe mit einer langen Zutatenliste – dennoch ist sie unglaublich schnell zubereitet! Man sollte mittelgroße, längliche Chilis dafür verwenden, mit sehr kleinen, runden wird die Suppe zu scharf. Nicht jede Currypaste ist vegetarisch, lesen Sie also aufmerksam die Zutatenliste.

Fenchelcrèmesuppe mit Gremolata

fenchel sahne

Für 4 Personen
Vorbereitung: 15 Min.
Garzeit: 20 Min.

2 große Fenchelknollen, geputzt und in Scheiben
1 Zwiebel, grob gehackt
900 ml Gemüsebrühe
6 EL Sahne
Salz und Pfeffer nach Geschmack

Gremolata:
2 EL gehackte Petersilie
fein geriebene Schale einer halben unbehandelten Zitrone
1 Knoblauchzehe, fein gehackt

1 Fenchel und Zwiebel in der Brühe 15–20 Min. köcheln lassen, bis sie sehr weich sind.

2 Alle Zutaten für die Gremolata miteinander vermischen und beiseite stellen.

3 Die Suppe pürieren und, wenn sie ganz glatt sein soll, durch ein Sieb streichen.

4 Sahne hinzufügen und mit Salz und Pfeffer abschmecken. In angewärmte Schalen geben und jeweils einen Löffel Gremolata hineingeben.

Kürbis-Orangen-Suppe mit Muskat

kürbis orange

V

Für 4 Personen
Vorbereitung: 15 Min.
Garzeit: 35 Min.

1 Butternut-Kürbis, halbiert und entkernt
2 Zwiebeln, gehackt
2 EL Olivenöl
2 Knoblauchzehen, gehackt
Saft und abgeriebene Schale einer unbehandelten Orange
1/4 TL Muskat
900 ml Wasser
Salz und Pfeffer nach Geschmack
gehackte Petersilie zum Garnieren

1 Kürbis mit der Schnittseite nach unten auf ein leicht eingefettetes Blech setzen und im vorgeheizten Ofen bei 200 °C (Gasherd: Stufe 6) in 30 Min. weich backen.

2 In der Zwischenzeit die Zwiebeln in Olivenöl in einer zugedeckten Pfanne bei kleiner Hitze 10 Min. weich dünsten. Knoblauch hinzufügen und weitere 1–2 Min. dünsten.

3 Das Fruchtfleisch des Kürbis auslöffeln und mit Zwiebeln, Knoblauch, Orangensaft und -schale, Muskat und etwas Salz und Pfeffer vermischen. Glatt pürieren, dabei, falls nötig, etwas Wasser hinzufügen.

4 In einen Topf geben und genug Wasser hinzufügen, damit eine cremige Suppe entsteht. Vorsichtig erhitzen.

5 Mit gehackter Petersilie garniert servieren.

Gekühlte Melonensuppe mit Minze-Granita

minze melone

Für 4 Personen
Vorbereitung: 20 Min.
zzgl. Zeit zum Kühlen und Einfrieren
Kochzeit: 5 Min.

1 reife Honigmelone
Zucker nach Geschmack

Minze-Granita:
125 g Roh-Rohrzucker
ein großer Bund Minze
300 ml Wasser
1 EL frisch gepresster Zitronensaft

1 Schale und Kerne der Melone entfernen und Fruchtfleisch würfeln. Glatt pürieren, mit etwas Zucker abschmecken und kühlen.

2 Für die Granita Zucker, Minze und Wasser in einem Topf erhitzen, bis der Zucker sich aufgelöst hat. Aufkochen, vom Herd nehmen und zugedeckt kalt werden lassen.

3 Sobald die Flüssigkeit kalt ist, Minze herausnehmen und ausdrücken. Etwa 12 Blätter aufbewahren, den Rest wegwerfen. Die Flüssigkeit mit den Blättern pürieren und den Zitronensaft hinzufügen. In einem geeigneten Behälter ins Gefrierfach stellen. Während des Einfrierens gelegentlich mit einer Gabel die Eiskristalle zerschlagen. 20–30 Min. vor dem Servieren aus dem Gefrierfach nehmen.

4 Zum Servieren die gekühlte Melonensuppe in kalte Schalen geben. Die Granita mit einer Gabel aufschlagen und einen großen Löffel in jede Suppenschale geben. Sofort servieren.

Rosmarinsorbet

wein rosmarin

V

Für 4 Personen
Vorbereitung: 15 Min.
zzgl. Zeit zum Abkühlen und Einfrieren
Kochzeit: 2 Min.

450 ml Wasser
150 g Zucker
5 Rosmarinzweige
250 ml Weißwein
4 EL frisch gepresster Zitronensaft
einige kleine Rosmarinzweige und Blüten zum Garnieren (nach Belieben)

1 Wasser, Zucker und 4 Rosmarinzweige in einem Topf zum Kochen bringen. Vom Herd nehmen und zugedeckt kalt werden lassen.

2 Rosmarin aus dem abgekühlten Sirup nehmen, Wein und Zitronensaft unterrühren. Den letzten Rosmarinzweig fein hacken und unterrühren.

3 In einen flachen Behälter gießen und etwa 2 Std. einfrieren, dabei gelegentlich die Eiskristalle zerschlagen und von den Seiten kratzen. Alternativ in einer Eismaschine einfrieren und, sobald ein weiches Sorbet entstanden ist, in einem Plastikbehälter ins Tiefkühlfach stellen, bis es benötigt wird.

4 Etwa 15 Min. vor Verzehr das Sorbet aus dem Tiefkühlfach nehmen. In Schalen löffeln und mit kleinen Rosmarinzweigen und Blüten dekorieren.

Als leichte Vorspeise oder Erfrischung zwischen zwei Gängen servieren. Jedoch Vorsicht: Es ist ziemlich alkoholisch.

Auberginen-Cordon bleus mit Mozzarella

käse tomaten

Für 4 Personen
Vorbereitung: 20 Min.
Garzeit: 30 Min.

1 dicke Aubergine, den Stiel entfernt
Olivenöl zum Einpinseln
75 g Mozzarella
1 Ei, verschlagen
Paniermehl
Raps- oder Erdnussöl zum Frittieren
Salz und Pfeffer nach Geschmack

Tomatensauce:
1 Zwiebel, gehackt
1 EL Olivenöl
2 Knoblauchzehen, fein gehackt
425 g gehackte Tomaten aus der Dose

1 Für die Tomatensauce Zwiebel in Öl zugedeckt etwa 8 Min. dünsten. Den Knoblauch hinzufügen und weitere 2 Min. dünsten, dann die Tomaten hinzufügen und ohne Deckel 20 Min. köcheln lassen, bis die Sauce sehr dick ist. Pürieren, mit Salz und Pfeffer abschmecken und beiseite stellen.

2 Für die Cordon bleus die Aubergine in 20 sehr dünne runde Scheiben schneiden, wenn möglich etwa 2,5 mm dick. Jeweils beide Seiten mit Olivenöl einpinseln und unter dem heißen Grill etwa 5 Min. grillen, bis die Scheiben weich, aber noch nicht gebräunt sind. Mit Salz und Pfeffer würzen.

3 Den Mozzarella in 20 Würfel schneiden. Auf jede Auberginenscheibe einen Würfel legen und zusammenfalten. In verschlagenem Ei und Paniermehl wenden. Auf Backpapier legen und kühlen, bis sie benötigt werden.

4 Öl auf 180–190 °C erhitzen. Wenn ein Brotwürfel in 30 Sek. bräunt, ist es heiß genug. Die Auberginen-Cordon bleus goldbraun und knusprig frittieren, dabei gelegentlich wenden. Auf Küchenpapier abtropfen lassen.

5 Auf jeden Teller 5 Cordon bleus legen und Tomatensauce auf dem Tellerrand verteilen.

Mozzarellastückchen in dünne Auberginenscheiben gewickelt und frittiert ergeben mit Tomatensauce serviert eine vorzügliche Vorspeise.

Spinattöpfchen mit Avocado

muskat spinat eier

Für 4 Personen
Vorbereitung: 20 Min.
Garzeit: 35–40 Min.

Butter zum Einfetten
225 g Spinat
300 ml Sahne
2 Eier
1 große reife Avocado
Muskat, Salz und Pfeffer nach Geschmack

Zitronen-Vinaigrette:
3 EL frisch gepresster Zitronensaft
9 EL Olivenöl

1 Vier kleine Tassen, Auflauf- oder Puddingförmchen mit Butter einfetten und einen kleinen Backpapierkreis hineinlegen.

2 Spinat waschen, ohne zusätzliches Wasser in einen Topf geben und etwa 6 Min. dünsten, bis er sehr weich ist. Über einem Sieb abtropfen lassen, ausdrücken und hacken.

3 Spinat mit Sahne und Eiern pürieren und mit Muskat, Salz und Pfeffer würzen.

4 In die gefetteten Förmchen gießen, auf ein tiefes Blech stellen und kochendes Wasser dazugießen. Im vorgeheizten Ofen bei 180 °C (Gasherd: Stufe 4) 30 Min. backen, bis die Oberfläche fest ist und ein hineingestochener Spieß sauber herauskommt. Aus dem Ofen nehmen und abkühlen lassen.

5 Für die Vinaigrette Zitronensaft mit Olivenöl und etwas Salz und Pfeffer verschlagen.

6 Mit einem Messer die Ränder von den Förmchen lösen und auf 4 Teller stürzen. Avocado schälen, in Scheiben schneiden und daneben arrangieren. Mit Salz und Pfeffer würzen und Zitronen-Vinaigrette darüber träufeln. Lauwarm oder kalt servieren.

Gegrillter Vignotte mit Haselnusspanade und Johannisbeer-Relish

vignotte relish

Für 4 Personen
Vorbereitung: 10 Min.
Garzeit: 5 Min.

2 x 150 g Vignotte (französischer Weichkäse)
100 g geschälte Haselnüsse, gehackt
1 Ei, verschlagen
Salatblätter und ein wenig Vinaigrette (s. S. 15)

Johannisbeer-Relish:
100 g rote Johannisbeeren
1 EL Zucker
1 Spritzer Zitronensaft

1 Am Käse klebende Schilder entfernen, dann quer in 4 Scheiben schneiden, dabei die Rinde nicht entfernen. Die Haselnüsse auf einem Teller ausbreiten.

2 Die Käsescheiben im verschlagenen Ei und den Haselnüssen wenden, bis sie rundum dick paniert sind. Auf ein Stück Backpapier legen und kühlen, bis sie gebraucht werden.

3 Für das Relish die Johannisbeeren mit Zucker und Zitronensaft aufkochen, vom Herd nehmen und beiseite stellen.

4 Kurz bevor der Käse serviert werden soll, mit der Rinde nach unten auf ein Blech legen und unter dem vorgeheizten Grill 5 Min. bei großer Hitze grillen, bis die Haselnüsse goldbraun und knusprig sind. Das Relish vorsichtig erhitzen.

5 Jeweils einige Salatblätter auf 4 Teller legen und mit etwas Vinaigrette beträufeln.

6 Den Käse sehr heiß auf den Salatblättern servieren, etwas Johannisbeer-Relish darüber geben, den Rest in einer kleinen Schale dazu reichen.

Bloody-Mary-Gelee

wodka sellerie

Für 4 Personen
Vorbereitung: 15 Min.
zzgl. Zeit zum Festwerden
Kochzeit: 2 Min.

400 ml Tomatensaft
1 TL vegetarische Gelatine (s. S. 184)
1 1/2 EL frisch gepresster Zitronensaft
6 EL Wodka
2 TL vegetarische Worcestersauce
1/2 TL Tabasco
je 2 EL fein gehackte rote Zwiebel und grüne Paprika sowie gehackten Sellerie plus etwas mehr gehackten Sellerie und gehackte rote Zwiebel zum Garnieren
1 EL Meerrettichsauce
3 EL Sahne
Salz und Pfeffer nach Geschmack

1 Tomatensaft in einen Topf geben, mit Gelatine bestreuen und rühren, bis sie sich aufgelöst hat. Langsam zum Kochen bringen, sofort vom Herd nehmen und Zitronensaft, Wodka, Worcestersauce, Tabasco und etwas Salz und Pfeffer hinzufügen.

2 Das gehackte Gemüse auf 4 kleine Schalen oder Gläser verteilen. Das Tomatengelee darübergießen und mindestens 30 Min. fest werden lassen. Bis zum Verzehr kühl halten, aber nicht in den Kühlschrank stellen.

3 Zum Servieren die Meerrettichsauce mit Sahne mischen und auf jedes Geleeglas einen Löffel geben. Mit etwas gehackter roter Zwiebel und gehacktem Sellerie garnieren.

Dieses Gelee sollten sie nicht zu lange im Voraus zubereiten und nur kühl stellen, aber nicht im Kühlschrank aufbewahren. Das Rezept ist vegan, wenn man Meerrettichsauce ohne Milchprodukte und Sojasahne im Naturkostladen kauft.

Tomaten-Parmesan-Törtchen mit Basilikumsahne

Für 4 Personen
Vorbereitung: 15 Min.
und, wenn möglich, Zeit zum Ziehen für die Sahne
Backzeit: 35 Min.

375 g tiefgekühlter Butter-Blätterteig
40 g geriebener Parmesan
450 g Cocktailtomaten, halbiert
2 TL Zucker
Salz und Pfeffer nach Geschmack

Basilikumsahne:
1 Bund Basilikum, Stiele entfernt und die Blätter grob gehackt
6 EL Sahne, alternativ Olivenöl

1 Für die Basilikumsahne beide Zutaten mischen, mit Salz und Pfeffer abschmecken und beiseite stellen. Die Aromen können sich am besten entfalten, wenn man die Sahne einige Stunden vorher zubereitet und ziehen lässt.

2 Aufgetauten Blätterteig auf einem Brett ausbreiten und 4 Kreise ausschneiden, um Quicheformen mit 20 cm ø und herausnehmbaren Böden damit auszukleiden.

3 Teig in die Formen drücken und, wenn nötig, die Ränder abschneiden. Mit einer Gabel mehrmals einstechen. Im vorgeheizten Ofen bei 200 °C (Gasherd: Stufe 6) 15 Min. goldbraun backen. Der Teig geht hoch, man kann ihn mit der Rückseite eines Löffels wieder etwas andrücken. Aus dem Ofen nehmen.

4 Parmesan darüberstreuen, so bleibt der Teig knusprig. Tomaten mit Zucker und etwas Salz und Pfeffer vermischen und auf die Formen verteilen, dabei die Törtchen großzügig füllen, da Tomaten sich durch das Backen zusammenziehen.

5 Zurück in den Ofen stellen und weitere 20 Min. backen. Aus den Formen nehmen, auf angewärmte Teller setzen und mit etwas Basilikumsahne übergießen. Sofort servieren.

Knuspriger Tofu mit Tomaten-Zitronengras-Sambal

chili erdnüsse

V

4 Personen
Vorbereitung: 15 Min.
Garzeit: 15–30 Min.

500 g fester Tofu, abgetropft und in fingerförmige Stücke geschnitten
Mehl zum Bestäuben
Raps- oder Erdnussöl zum Frittieren

Tomaten-Sambal:
1 EL Olivenöl
1 Zitronengrasstängel, geputzt und fein gehackt
1 rote Chili, in Ringen (entkernt, wenn man es nicht so scharf mag)
1 Knoblauchzehe, zerdrückt
1 EL brauner Zucker oder Palmzucker
4 Tomaten, grob gehackt
1 kleine Hand voll frisches Koriandergrün, gehackt
2 EL Ketjap Manis oder Sojasauce
1 EL Tamarindenpaste
4 EL Wasser
2 EL gehackte Erdnüsse zum Garnieren

1 Für das Sambal Olivenöl erhitzen, Zitronengras, Chili und Knoblauch eine Minute darin anbraten. Vom Herd nehmen und die restlichen Zutaten außer den Erdnüssen hinzufügen.

2 Tofu in Mehl wenden. Öl in einem Wok oder Topf erhitzen, bis ein Brotwürfel in 30 Sek. bräunt. Den Tofu darin goldbraun und knusprig frittieren, dabei, wenn nötig, auf zwei Teile aufteilen. Der Tofu braucht etwa 10 Min., bis er richtig knusprig ist. Auf Küchenpapier abtropfen lassen. Mit dem Sambal und mit Erdnüssen bestreut servieren.

Wenn man Tofu frittiert, wird er schön knusprig und lecker, aber gar nicht ölig. Mit dem süß-sauren Sambal erhält man eine tolle Vorspeise oder eine leichte Hauptspeise für zwei.

Gerösteter grüner Sesam-Spargel mit Wasabi-Vinaigrette

wasabi sesamöl

V

Für 4 Personen
Vorbereitung: 10 Min.
Garzeit: 15–20 Min.

500 g grüner Spargel, geputzt
2 EL Sesamöl

Wasabi-Vinaigrette:
2 TL Wasabi-Pulver
2 EL warmes Wasser
1 EL Reisessig
1 EL geschmacksneutrales Pflanzenöl, z.B. Traubenkernöl
2 EL Sesamöl
Salz und Pfeffer nach Geschmack

1 Spargel in Sesamöl wenden, auf einem Blech ausbreiten und mit Salz bestreuen. Im vorgeheizten Ofen bei 220 °C (Gasherd: Stufe 7) etwa 15 Min. rösten, bis er weich ist und zu bräunen beginnt.

2 Für die Vinaigrette Wasabi mit Wasser in ein Schraubgefäß füllen und zu einer Paste vermischen. Reisessig, Pflanzenöl, Sesamöl und etwas Salz und Pfeffer hinzufügen, verschließen und kräftig schütteln, bis eine glatte Sauce entstanden ist.

3 Spargel auf vier Tellern anrichten und mit der Vinaigrette beträufeln. Heiß, lauwarm oder kalt servieren.

Wenn man das Dressing bis zu 24 Std. im Voraus zubereitet, wird der Geschmack des Wasabis etwas milder und passt besonders gut zum grünen Spargel.

Polenta frites mit Dips

limette avocado

Für 4 Personen
Vorbereitung: 15 Min. bis 1 Std., je nach Art der Polenta
Garzeit: 30 Min. bis 1 1/4 Std., je nach Polenta

500 g fertige Polenta
oder
175 g 5-Minuten-Polenta oder traditionelle Polenta
1 l Wasser
1 TL Salz
Raps- oder Erdnussöl zum Frittieren

Dips:
4 gehäufte Löffel Mayonnaise
1 EL Tomatenmark
225 g Tomaten-Salsa mit Stücken
1 große reife Avocado
3 EL gehacktes Koriandergrün
Saft einer Limette
1 Prise Chilipulver
Salz und Pfeffer nach Geschmack

1 Fertige Polenta mit Küchenpapier abtupfen und in dicke Stäbchen schneiden. 500 g ergeben etwa 24 Frites.

2 Für selbst gemachte Polenta 5-Minuten-Polenta nach Packungsanleitung zubereiten. Bei traditioneller Polenta Wasser und Salz in einem großen Topf erhitzen. Wenn es gerade zu kochen beginnt, die Polenta unter ständigem Rühren hineinstreuen. Wenn sich Klümpchen bilden, mit einem Pürierstab oder Mixer zerkleinern. 45 Min. leicht köcheln lassen, bis die Polenta sehr dick ist, dabei gelegentlich umrühren.

3 Ein tiefes Backblech von 18 x 28 cm mit Backpapier auslegen. Die Polenta darin verstreichen und kalt und fest werden lassen.

4 Für die Dipsaucen Mayonnaise mit Tomatenmark vermischen und in eine kleine Schale geben. Salsa in eine zweite Schale geben. Die Avocado schälen und den Kern entfernen, das Fruchtfleisch zerdrücken und mit Koriandergrün, Limettensaft, Chilipulver und etwas Salz und Pfeffer vermischen, bis der Dip eine cremige, leicht stückige Konsistenz hat. Ebenfalls in eine Schale geben.

5 Polenta in dicke Stäbchen von etwa 15 cm Länge und 1 cm Dicke schneiden. Öl in einer Bratpfanne erhitzen, bis ein Brotwürfel in 30 Sek. bräunt. Die Polenta frites darin braten oder frittieren. Beim Braten kann man sie leichter getrennt halten, es sollte jedoch ausreichend Öl in der Pfanne sein. Wenn sie sehr knusprig sind, bleiben sie es auch, während die restlichen Frites in der Pfanne sind. Auf Küchenpapier im Ofen bei niedriger Temperatur warm halten.

6 Polenta frites auf eine Servierplatte oder 4 Teller häufen und mit den Dips servieren.

Man kann diese Frites mit fertiger Polenta herstellen, dann sind sie besonders schnell fertig, oder die Polenta selbst kochen.

Scharfe Thai-Nudeln

ingwer koriander

Für 4 Personen
Vorbereitung: 15 Min.
Garzeit: 20 Min.

250 g Glasnudeln
2 EL Sesamöl
2 TL thailändische rote Currypaste
6 Frühlingszwiebeln, in feinen Ringen
1 walnussgroßes Stück Ingwer, geschält und in feinen Streifen
2 Knoblauchzehen, zerdrückt
2–3 EL Reisessig
1–2 EL Shoyu oder Tamari
2 EL gehacktes Koriandergrün
Salz und Pfeffer nach Geschmack

1 Nudeln in eine Schüssel geben, mit kochendem Wasser übergießen und 5 Min. stehen lassen. Abgießen und mit 1 EL Sesamöl vermischen, damit die Nudeln nicht zusammenkleben. Oder nach Packungsanleitung zubereiten.

2 Das restliche Sesamöl in einer Pfanne erhitzen. Currypaste dazugeben und einige Sekunden braten lassen. Frühlingszwiebeln, Ingwer und Knoblauch hinzufügen und 1–2 Min. rühren, bis sie leicht angebraten sind.

3 Nudeln in die Pfanne geben und vom Herd nehmen. Mit Reisessig, Shoyu oder Tamari und etwas Salz und Pfeffer vermischen, den gehackten Koriander unterrühren und servieren.

Glasnudeln sind eine leichte und leckere Beilage. Wenn man keine hat, kann man auch andere lange dünne Nudeln für dieses Rezept verwenden.

Nuss-Miso-Pâté mit Cranberry-Relish und Dill

tofu dill cashew

Für 4 Personen
Vorbereitung: 20 Min.
zzgl. Zeit zum Einweichen
Garzeit: 15 Min.

75 g Cashewkerne
125 g fester Tofu, abgetropft
1 Knoblauchzehe, zerdrückt
4 TL roter Miso
1 EL Hefeflocken (s. S. 184) oder etwas Hefeextrakt nach Geschmack
1 TL Shoyu oder Tamari
4 TL frisch gepresster Zitronensaft
weißer Pfeffer
3 EL gehackter Dill
4 Dillzweige zum Servieren

Cranberry-Relish:
50 g getrocknete Cranberries
150 ml kräftiger Rotwein
1 TL Olivenöl
1/4 TL weiße Senfsamen
1 EL fein gehackte Zwiebel
1 Knoblauchzehe, fein gehackt
1 TL frisch geriebener Ingwer
1 Prise Chilipulver
1 EL Zucker
1 EL Rotweinessig
Salz nach Geschmack

1 Cranberries in eine Schüssel geben, mit Wein übergießen und beiseite stellen. Olivenöl in einem kleinen Topf erhitzen. Senfsamen hineingeben und einige Sekunden rühren, bis sie anfangen zu springen. Zwiebel, Knoblauch, Ingwer und Chilipulver dazugeben. Bei geringer Hitze etwa 5 Min. dünsten, bis die Zwiebel weich ist.

2 Die Cranberries mit der Flüssigkeit in den Topf geben, ebenso Zucker, Essig und etwas Salz. Aufkochen, die Hitze reduzieren und ohne Deckel einige Minuten köcheln lassen, bis die Flüssigkeit sirupartig ist und die Cranberries weich sind. Abkühlen lassen. Wenn nicht alles verbraucht wird, in einem verschlossenen Behälter im Kühlschrank zwei Wochen haltbar.

3 Für die Pâté die Cashews mit kaltem Wasser bedecken und 4–8 Stunden einweichen lassen. Abgießen und mit Tofu, Knoblauch, Miso, Hefe, Shoyu oder Tamari, Zitronensaft und einer großzügigen Prise weißem Pfeffer zu einem cremigen Aufstrich pürieren. In eine Schüssel geben und zugedeckt beiseite stellen.

4 Zum Servieren den gehackten Dill und 4 EL des Relishs in die Pâté rühren. Je einen Löffel in die Mitte von 4 Tellern geben und mit einem Dillzweig garnieren. Sofort servieren, sonst verliert die Pâté ihre frische, leuchtende Farbe.

Dieser ungewöhnliche Brotaufstrich wurde von einem Rezept inspiriert, das in der „Vegetarian Times“ erschienen ist. Am besten schmeckt es mit Streifen warmen Pitabrots.

Geschmorte Baby-Karotten und Fenchel

fenchel karotten

V

Für 4 Personen
Vorbereitung: 15 Min.
Garzeit: 30 Min.

2 Bund Baby-Karotten (etwa 750 g)
400 g Baby-Fenchel
4 EL Olivenöl
4 Knoblauchzehen, in Scheiben
300 ml Wasser
frisch gepresster Saft einer Zitrone
Salz und Pfeffer nach Geschmack
gehackte Petersilie zum Servieren

1 Wenn die Karotten sehr jung sind, nur gründlich schrubben, ältere schälen. Im Ganzen lassen und 1 cm Grün stehen lassen. Wenn der Fenchel sehr jung und zart ist, nur die Spitzen abschneiden.

2 Karotten und Fenchel mit Olivenöl, Knoblauch, Wasser, Zitronensaft und etwas Salz und Pfeffer aufkochen. Die Hitze reduzieren und zugedeckt 30 Min. köcheln lassen, gelegentlich nachschauen, damit nichts anbrennen kann. Sie sind fertig, sobald sie sich weich anfühlen, wenn man mit einem Messer hineinsticht und die Flüssigkeit zu einer sirupartigen goldenen Glasur reduziert ist. Mit gehackter Petersilie bestreut servieren.

Das junge Gemüse zergeht auf der Zunge und die Kochflüssigkeit stellt eine natürliche Sauce dar. Da das Gemüse sehr weich sein soll, ist es fast unmöglich, es zu lang zu kochen. Es kann gut vorbereitet und später aufgewärmt werden. Reste schmecken auch kalt sehr gut.

Pastinaken in Salbeibutter

salbei pastinaken

Für 4 Personen
Vorbereitung: 10 Min.
Garzeit: 15 Min.

500 g Baby-Pastinaken
25 g Butter
1 EL gehackter Salbei
Salz und Pfeffer nach Geschmack

1 Pastinaken so vierteln, dass lange, dünne Stücke entstehen. In einem Topf mit kaltem Wasser bedecken, aufkochen, die Hitze reduzieren und 10–15 Min. köcheln lassen, bis sie weich sind.

2 Butter mit Salbei vermischen und beiseite stellen.

3 Pastinaken abgießen und in eine angewärmte Servierschale oder zurück in den Topf geben. Mit Salz und Pfeffer würzen, die Salbeibutter darüber geben und sofort servieren.

Eine einfache aber wunderbare Kombination von Aromen.

Kohl mit Sesam und Ingwer

kohl sesam

V

Für 4 Personen
Vorbereitung: 5 Min.
Garzeit: 5 Min.

1 Spitzkohl, gehobelt
1 EL Sesamöl
1 EL frisch geriebener Ingwer
1 Knoblauchzehe, zerdrückt
Salz und Pfeffer nach Geschmack

1 In einem Topf 2,5 cm Wasser erhitzen, den Kohl hineingeben und zugedeckt 5 Min. kochen, bis er weich ist. Abgießen.

2 Sesamöl, Ingwer und Knoblauch zum Kohl geben und gut untermischen. Mit Salz und Pfeffer abschmecken und sofort servieren.

So einfach kann Kohl zu einer besonderen Beilage aufgepeppt werden, die hervorragend zu asiatischen Gerichten schmeckt.

Kartoffelpüree mit Safran und Knoblauch

sahne safran

Für 4 Personen
Vorbereitung 15 Min.
zzgl. Zeit zum Ziehen
Garzeit: 20 Min.

1,1 kg Kartoffeln, geschält und in gleich großen Stücken
150 ml Sahne
1 großzügige Prise Safranfäden
50 g Butter
4 Knoblauchzehen, zerdrückt
Salz und Pfeffer nach Geschmack

Zum Garnieren:
4 Knoblauchzehen
1 EL Olivenöl
1 EL gehackte Petersilie

1 Kartoffeln mit Wasser bedecken und 20 Min. weich kochen.

2 Sahne in einem Topf mit Safran fast zum Kochen bringen, vom Herd nehmen und zugedeckt ziehen lassen.

3 Für die Garnitur Knoblauch in dünne Scheiben schneiden. Olivenöl in einer kleinen Pfanne erhitzen und Knoblauchscheiben darin etwa 1 Min. goldbraun braten. Vom Herd nehmen und beiseite stellen.

4 Kartoffeln abgießen, das Wasser aufheben. Mit Butter, Knoblauch und der Safransahne zerdrücken, dabei die Safranfäden nicht herausnehmen. Wenn nötig, etwas Kochwasser dazugeben, damit ein cremiges, glattes Püree entsteht. Mit Salz und Pfeffer abschmecken.

5 Püree in eine angewärmte Servierschale geben, mit gebratenem Knoblauch in Olivenöl übergießen, Petersilie darüber streuen und servieren.

Röstkartoffeln mit Meersalz und Balsamicoessig

essig salz kartoffeln

V

Für 4 Personen
Vorbereitung: 15 Min.
Garzeit: 45 Min.

1 kg Kartoffeln, geschält und in
 1 cm große Würfel geschnitten
Raps- oder Erdnussöl zum Rösten
Salz
Balsamicoessig

1 Kartoffeln in einem Topf mit Wasser bedecken, aufkochen, Hitze reduzieren und 7 Min. köcheln lassen.

2 In eine große Auflaufform 5 mm hoch Öl gießen und im vorgeheizten Ofen bei 200 °C (Gasherd: Stufe 6) sehr heiß werden lassen.

3 Kartoffeln abgießen, zurück in den Topf geben, einen Deckel darauflegen und gut durchschütteln. Dadurch werden die Stücke aufgeraut und später beim Backen knuspriger.

4 Die Kartoffeln in das heiße Öl geben und in einer Schicht ausbreiten. Mit einem großen Löffel gut vermischen, so dass sie rundum mit Öl bedeckt sind. Etwa 35 Min. rösten, bis die Kartoffeln goldbraun und knusprig sind, dabei einmal wenden, wenn die Unterseite gebräunt ist.

5 Kartoffeln mit einem Schaumlöffel in eine angewärmte Servierschale geben. Großzügig mit Meersalz bestreuen, mit Balsamicoessig beträufeln und sofort servieren.

Am knusprigsten werden die Kartoffeln mit Raps- oder Erdnussöl.

Beeindruckende Hauptspeisen

Viele Menschen finden vegetarische Hauptgerichte erstaunlich. Hier finden Sie genügend verschiedene, um fast vier Wochen lang jeden Tag ein neues auszuprobieren. Einige sind einfach, andere etwas komplizierter. Einige werden als individuelle Portionen serviert, andere stehen als dramatischer Mittelpunkt auf dem Tisch. Ich hoffe, jedes einzelne davon hat das gewisse Extra, das beeindruckt.

Paprika-Fenchel-Tortellini mit Estragonsauce

fenchel ricotta wein

Für 4 Personen
Vorbereitung: 45 Min.
zzgl. Zeit zum Ruhen
Garzeit: 30 Min.

Nudelteig:
350 g Mehl Type 405
1 Prise Salz
3 Eier
1 EL Olivenöl

Füllung:
1 Fenchelknolle, geputzt
1 große rote Paprika, halbiert und entkernt
1 Knoblauchzehe, zerdrückt
125 g Ricotta
75 g frisch geriebener Parmesan
Salz und Pfeffer nach Geschmack

Sauce:
100 ml Gemüsebrühe (dafür das Fenchelkochwasser verwenden)
100 ml trockener Weißwein
450 ml Sahne
2 große Estragonzweige, gehackt

1 Mehl, Salz, Eier und Olivenöl vermischen. Mit etwas kaltem Wasser (ca. 4–6 EL) zu einem weichen, dehnbaren Teig verarbeiten. Einige Minuten mit der Hand kneten, bis er glatt, glänzend und geschmeidig ist. In einen Gefrierbeutel geben und 1 Stunde ruhen lassen.

2 Für die Füllung den Fenchel mit einem Sparschäler schälen, um die harten Fasern zu entfernen. Vierteln, in einem Topf mit Wasser bedecken und 8–10 Min. weich kochen. Abgießen und das Wasser für die Sauce aufbewahren.

3 Die Paprika mit der Hautseite nach oben unter dem heißen Grill 10 Min. grillen, bis die Haut schwarz ist und Blasen wirft. Abkühlen lassen und die Haut abziehen.

4 Fenchel und Paprika fein hacken. Mit Knoblauch, Ricotta und Parmesan vermischen und mit Salz und Pfeffer abschmecken. In 20 gleichmäßige Portionen teilen.

5 Für die Tortellini Nudelteig in 20 gleichmäßige Portionen teilen. Jede auf einem bemehlten Brett so dünn wie möglich ausrollen. Man sollte zwei Kreise von je 6 cm ø ausstechen können. Auf die Hälfte der Kreise je eine Portion Füllung setzen. Die Ränder mit kaltem Wasser bestreichen und die restlichen Kreise darauf setzen und fest andrücken.

6 Einen großen Topf Wasser zum Kochen bringen. Die Tortellini hineingeben und etwa 6 Min. kochen, bis sie weich sind.

7 Für die Sauce Brühe, Wein und Sahne in einen Topf geben und kochen lassen, bis die Flüssigkeit um die Hälfte reduziert und etwas dicker ist. Vom Herd nehmen, mit Salz und Pfeffer würzen und den Estragon hinzufügen.

8 Die Pasta vorsichtig abgießen und in eine angewärmte Schüssel füllen. Die Sauce darübergießen und servieren.

Tagliatelle mit Lauch-Morchel-Sahne und knusprigem Knoblauch

Für 4 Personen
Vorbereitung: 20 Min.
Garzeit: 30 Min.

400 g getrocknete Tagliatelle
2 EL Olivenöl
4 große Knoblauchzehen, in dünnen Scheiben

Sahnesauce:
25 g Butter
1 EL Olivenöl
200 g Morcheln, grob gehackt
2 Knoblauchzehen, zerdrückt
600 ml Sahne
250 g Lauch, in dünnen Ringen
2 EL gehackte Petersilie
Salz und Pfeffer nach Geschmack

1 Für die Sauce Butter und Olivenöl in einem Topf erhitzen. Morcheln und zerdrückten Knoblauch hinzufügen und 5–10 Min. dünsten, bis die entstandene Flüssigkeit wieder verdunstet ist. Sahne angießen und ohne Deckel köcheln lassen, bis die Sauce um die Hälfte reduziert ist.

2 Lauch in Wasser 3–4 Min. kochen, abgießen (das Kochwasser ergibt eine leckere Brühe) und mit kaltem Wasser abschrecken, um die Farbe zu erhalten. Gut abtropfen lassen und mit Petersilie und etwas Salz und Pfeffer zur Sahnesauce geben.

3 Tagliatelle in viel Wasser 8–10 Min. oder nach Packungsanleitung al dente kochen. Abgießen und mit 1 EL Olivenöl zurück in den heißen Topf geben.

4 Olivenöl in einer kleinen Pfanne erhitzen, die Knoblauchscheiben darin goldbraun und knusprig braten. Aber Vorsicht: Sie verbrennen leicht und schmecken dann bitter.

5 Die Sahnesauce zur Pasta geben und auf angewärmten Tellern verteilen. Mit gebratenen Knoblauchscheiben bestreut servieren.

Reisnudeln mit Chili-Ingwer-Gemüse

nudeln chilis soja

V

Für 4 Personen
Vorbereitung: 30 Min.
Garzeit: 20 Min.

Nudeln:
200 g Reisnudeln
1 EL Sesamöl

Sauce:
1 EL Speisestärke
2 EL Shoyu oder Tamari
1 EL Zucker
1 EL Sesamöl
1 EL Mirin oder trockener Sherry

Chili-Ingwer-Gemüse:
2 EL neutrales Öl, z.B. Erdnuss-, Raps- oder Traubenkernöl
2 EL frischer Ingwer, fein gerieben
4 Knoblauchzehen, zerdrückt
1–2 große, milde rote Chilis, entkernt und in dünnen Ringen
1 Chinakohl oder 4 Pak Choi, gehobelt
300 g Sojasprossen
1 Bund Frühlingszwiebeln, gehackt
150 g Zuckerschoten, längs halbiert
1 rote Paprika, in feinen Streifen
250 g Wasserkastanien aus der Dose, abgespült und abgetropft
1 Bund Koriandergrün, gehackt
Salz

1 Einen großen Topf Wasser zum Kochen bringen und die Nudeln darin in etwa 4 Min. oder nach Packungsanleitung al dente kochen. In eine Seihe abgießen, mit 1 EL Sesamöl vermischen und beiseite stellen.

2 Alle Zutaten für die Sauce verrühren und beiseite stellen.

3 Das Gemüse vorbereiten. Einen großen Wok sehr heiß werden lassen. Zuerst das Öl, dann Ingwer, Knoblauch und Chilis hineingeben. Etwas anbraten, dann die restlichen Zutaten außer dem Koriander hinzufügen. Auf großer Flamme 10 Min. weich braten, dabei ständig rühren.

4 Wenn das Gemüse weich ist, die Sauce kurz durchrühren und dazugeben. 1–2 Min. rühren, bis die Sauce angedickt ist und das Gemüse überzieht. Mit Salz abschmecken.

5 Die Nudeln auf eine angewärmte Servierplatte geben. Das Gemüse darauf zu einem Berg auftürmen. Mit dem Koriander bestreuen und sofort servieren.

Dieses Gericht kann gut vorbereitet werden. Kurz vor dem Servieren muss man es nur noch fertig braten und anrichten.

Mit Tee geräuchertes Kastanienrisotto

reis wein parmesan

Für 4 Personen
Vorbereitung: 20 Min.,
Garzeit: 35–40 Min.

Teegeräucherte Kastanien:
100 g roher Reis
50 g brauner Zucker
25 g schwarze Teeblätter
1 EL ganze Pimentkörner
2 EL Zuckerrübensirup oder Molasse
1 Zimtstange
400 g gegarte und geschälte Kastanien (vakuumverpackt)

Risotto:
1 l Gemüsebrühe
1 EL Olivenöl
2 Zwiebeln, fein gehackt
2 Selleriestangen, sehr fein gehackt
2 Knoblauchzehen, fein gehackt
400 g Risottoreis
100 ml trockener Weißwein
50 g Butter
100 g frisch geriebener Parmesan
Salz und Pfeffer nach Geschmack

1 Mindestens eine Stunde vor dem Servieren die Kastanien räuchern. Dazu einen Wok mit Alufolie auslegen und alle Zutaten bis auf die Kastanien hineingeben und vorsichtig umrühren.

2 Einen Rost über den Wok legen und die Kastanien darauf verteilen. Mit Alufolie abdecken und bei mittlerer Hitze 10 Min. kochen. Vom Herd nehmen und weitere 10 Min. zugedeckt stehen lassen.

3 In der Zwischenzeit das Risotto machen. Dazu Brühe aufkochen und auf kleiner Flamme heiß halten.

4 Olivenöl in einem großen Topf erhitzen, Zwiebeln und Sellerie darin unter Rühren 7–8 Min. anbraten, bis das Gemüse weich, aber noch nicht gebräunt ist. Knoblauch hinzufügen und eine weitere Minute garen.

5 Den Reis dazugeben und auf kleiner Flamme 2–3 Min. rühren, bis er durchsichtig aussieht. Den Wein angießen und rühren, bis er vollständig aufgenommen wurde.

6 Dann kellenweise die heiße Brühe angießen und jeweils rühren, bis der Reis die Flüssigkeit aufgenommen hat. Nach 15–20 Min. ist die Brühe verbraucht und der Reis weich und cremig.

7 Butter, Kastanien und die Hälfte des Parmesans unterrühren, mit Salz und Pfeffer abschmecken und mit dem restlichen Käse bestreut servieren.

Curryreis-Torte

spinat zwiebel

Für 4 Personen
Vorbereitung: 1 Std.
Garzeit: 1 Std.

Reis:
350 g Basmatireis
1 TL Kurkuma
900 ml Wasser
2 EL frisch gepresster Zitronensaft
Salz und Pfeffer nach Geschmack

Gemüseschichten:
3 Zwiebeln, gehackt
1 EL Olivenöl
1 EL frisch geriebener Ingwer
4 Knoblauchzehen, gehackt
1 EL Kreuzkümmel
1 EL gemahlener Koriander
2 TL Kurkuma
1 kleiner Blumenkohl, in kleine Röschen zerteilt
150 ml Wasser
20 g Koriandergrün
300 g Kartoffeln, geschält und in 1 cm großen Würfeln
250 g Spinat
425 g gehackte Tomaten aus der Dose
1/2 TL getrocknete Chiliflocken

1 Reis mit Kurkuma und Wasser aufkochen. Hitze reduzieren und zugedeckt 15 Min. sanft köcheln lassen, bis alle Flüssigkeit aufgenommen wurde. Vom Herd nehmen und abgedeckt 5 Min. stehen lassen. Dann den Zitronensaft dazugeben und mit einer Gabel umrühren – dadurch leuchtet die Farbe noch mehr. Mit Salz und Pfeffer abschmecken.

2 Zwiebeln in Olivenöl etwa 7 Min. anbraten, dann Ingwer, Knoblauch, Kreuzkümmel, gemahlenen Koriander und Kurkuma dazugeben und 2–3 Min. weiterbraten. Diese Gewürzmischung auf drei Töpfe verteilen.

3 In den ersten Topf Blumenkohl und 150 ml Wasser geben. Aufkochen, Hitze reduzieren und zugedeckt 10 Min. köcheln lassen, bis der Blumenkohl sehr weich und das Wasser verdunstet ist. Kurz auf großer Flamme kochen, wenn noch Wasser da ist. Etwas Koriandergrün zum Garnieren aufbewahren, den Rest hacken und dazugeben. Mit Salz und Pfeffer abschmecken.

4 In den zweiten Topf die Kartoffeln geben. Zugedeckt 10–15 Min. dünsten, bis die Kartoffeln fast weich sind, wenn nötig, etwas Wasser zugeben. Den Spinat hineingeben und etwa 10 Min. weiterkochen, bis er weich ist. Wenn der Spinat zu viel Wasser gezogen hat, auf großer Flamme 1–2 Min. kochen lassen. Abschmecken.

5 In den dritten Topf Tomaten und Chiliflocken geben. Ohne Deckel 20–25 Min. kochen, bis die Sauce sehr dick ist. Abschmecken.

6 Eine tiefe Kuchenform (20 cm ø) mit Backpapier auslegen. Ein Viertel des Reises hineingeben, den Blumenkohl darauf verteilen. Wieder ein Viertel des Reises hineingeben und die Tomaten daraufgeben. Eine weitere Schicht Reis gefolgt von der Spinatmischung und dem restlichen Reis in die Form geben. Fest in die Form drücken, mit Alufolie abdecken und im vorgeheizten Ofen bei 180 °C (Gasherd: Stufe 4) etwa 20 Min. backen.

7 Auf eine angewärmte Platte stürzen, das Papier entfernen und mit Koriander garniert servieren.

Kürbis gefüllt mit marokkanischem Reis

reis gewürze

Für 4 Personen
Vorbereitung: 20 Min.
Garzeit: 30 Min.

2 kleine Kürbisse
1 Knoblauchzehe, zerdrückt
Olivenöl zum Einfetten
Salz nach Geschmack

Reisfüllung:
175 g Basmatireis
25 g Rosinen
15 g Butter
1 1/2 TL Ras el Hanout (s. S. 184)
1/2 TL Kurkuma
2 EL Zitronensaft
8 große grüne Oliven, entsteint und gehackt
20 g Koriandergrün, gehackt

1 Kürbisse durch den Stiel halbieren. Entkernen und die Schnittflächen mit Knoblauch und Salz einreiben. Mit der Schnittseite nach unten auf gefettete Bleche setzen und im vorgeheizten Ofen bei 200 °C (Gasherd: Stufe 6) 30 Min. backen, bis die Kürbishälften sich leicht mit einem Messer einstechen lassen.

2 In der Zwischenzeit einen Topf zur Hälfte mit Wasser füllen und aufkochen. Den Reis dazugeben und wieder aufkochen. Hitze reduzieren und ohne Deckel 8–10 Min. köcheln lassen, bis der Reis bissfest ist.

3 Rosinen 2–3 Min. in kochendem Wasser einweichen.

4 Reis abgießen und etwa 2 EL als Dekoration beiseite stellen. Mit Butter, Ras el Hanout, Kurkuma und Zitronensaft zurück in den Topf geben und gut vermischen. Die Rosinen abgießen und mit den gehackten Oliven und dem Koriander dazugeben. Mit Salz abschmecken.

5 Kürbishälften umdrehen und mit dem Reis füllen, dabei den Reis großzügig anhäufen. Sofort servieren oder mit Alufolie abdecken und einige Minuten im Ofen warm halten.

Man kann auch Minikürbisse verwenden, aber sie müssen groß genug sein, damit man sie halbiert backen und füllen kann, da sie so besser garen.

Sellerierösti mit grünen Bohnen in Mandelmus

mandeln bohnen öl

V

Für 4 Personen
Vorbereitung: 30 Min.
Garzeit: 20 Min.

1 Sellerieknolle (etwa 800 g), geschält und gerieben
100 g Mandelblättchen
2–4 EL Olivenöl
Salz und Pfeffer nach Geschmack

Bohnen:
250 g dünne grüne Bohnen, geputzt und halbiert
4 TL Mandelmus

1 Sellerie mit Mandelblättchen mischen und mit Salz und Pfeffer würzen.

2 Von dem Olivenöl 2 EL in zwei großen Pfannen erhitzen. Jeweils 2 Backringe (20 cm ø) hineinsetzen, die Selleriemischung gleichmäßig darauf verteilen und fest andrücken. Mit einem Teller oder Deckel abdecken und bei geringer Hitze 10 Min. anbraten, bis die Unterseite goldbraun ist.

3 Mit einem Spatel vorsichtig mit dem Ring umdrehen und wieder fest andrücken. Abgedeckt die zweite Seite braten.

4 In einem Topf 2,5 cm Wasser aufkochen, die grünen Bohnen darin 3–4 Min. gerade weich kochen. Abgießen, zurück in den Topf geben und mit Mandelmus und etwas Salz und Pfeffer vermischen.

5 Auf 4 Teller je ein Sellerierösti und die grünen Bohnen darauf verteilen. Die Ringe abziehen und servieren.

Kichererbsenkuchen mit geröstetem Zitronen-Honig-Gemüse

kreuzkümmel honig

Für 4–6 Personen
Vorbereitung: 30 Min.
Garzeit: 45 Min.

4 EL Olivenöl
3 große Zwiebeln, fein gehackt
3 große Knoblauchzehen, zerdrückt
2 TL Kreuzkümmel
1,2 kg Kichererbsen aus der Dose, abgespült und abgetropft
Salz und Pfeffer nach Geschmack
Zitronenspalten und glatte Petersilie zum Garnieren

Geröstetes Gemüse:
900 g Topinambur, geschält und in 2,5 cm großen Stücken
450 g Karotten, geschabt und in Stäbchen
3 EL Olivenöl
3 EL flüssiger Honig
3 EL frisch gepresster Zitronensaft
abgeriebene Schale einer unbehandelten Zitrone

1 Topinambur und Karotten mit Olivenöl, Honig, Zitronensaft und -schale und etwas Salz und Pfeffer in eine flache Auflaufform geben und vorsichtig vermischen. Im vorgeheizten Ofen bei 180 °C (Gasherd: Stufe 4) etwa 45 Min. rösten, dabei gelegentlich wenden.

2 Für den Kichererbsenkuchen 2 EL Olivenöl in einem Topf erhitzen. Zwiebeln hineingeben und zugedeckt 10 Min. dünsten, bis sie weich sind. Knoblauch und Kreuzkümmel dazugeben und weitere 2–3 Min. dünsten. Vom Herd nehmen und die Kichererbsen und etwas Salz und Pfeffer hinzugeben. Gleichmäßig pürieren, bis die Mischung zusammenklebt.

3 In eine leicht geölte Springform (30 cm ø) geben und glatt streichen. Mit Alufolie abdecken und 15 Min. zum Gemüse in den Ofen stellen. Die Folie entfernen, das restliche Öl darübergießen und weitere 5–10 Min. backen, bis der Kuchen goldbraun und fest, aber noch nicht trocken ist. Aus dem Ofen nehmen.

4 Aus der Form nehmen und auf eine angewärmte Servierplatte geben. Das geröstete Gemüse darauf verteilen, mit Zitronenspalten und einem Zweig glatter Petersilie garnieren und servieren.

Dauphinoise-Roulade mit Mangold-Dolcelatte-Füllung

kartoffeln mangold

Für 4 Personen
Vorbereitung: 40 Min.
Garzeit: 45 Min.

Roulade:
Olivenöl zum Einfetten
900 g Kartoffeln, geschält und in dünnen Scheiben
1 Knoblauchzehe, zerdrückt
Salz und Pfeffer nach Geschmack
grüner Salat zum Servieren

Füllung:
450 g roter Mangold, Stiele und Blätter getrennt
175 g Dolcelatte-Käse

1 Ein kleines, tiefes Blech (22 x 32 cm) mit Backpapier auslegen und mit Olivenöl bestreichen. Kartoffeln mit Knoblauch, Salz und Pfeffer vermischen, gleichmäßig in der Form verteilen und mit Olivenöl bestreichen. Mit einem Stück Backpapier abdecken und im vorgeheizten Ofen bei 200 °C (Gasherd: Stufe 6) 30 Min. backen, dann das Papier entfernen und weitere 5–10 Min. backen, bis die Kartoffeln weich und goldbraun sind. Abkühlen lassen und beiseite stellen.

2 Mangoldstiele hacken und in kochendem Wasser 5 Min. kochen, Blätter dazugeben und weitere 7–10 Min. weich kochen. Gut abtropfen lassen und mit Dolcelatte vermischen.

3 Die Kartoffelroulade auf das Papier stürzen, mit dem sie beim Backen abgedeckt war. Die Mangoldmischung darauf verteilen. Von der kurzen Seite her vorsichtig aufrollen, dabei das darunter liegende Papier zu Hilfe nehmen. Die Roulade kann fest aufgerollt werden.

4 Die Roulade auf eine hitzefeste Servierplatte legen. Etwa 15 Min. vor dem Servieren zurück in den Ofen stellen und ohne Abdeckung backen, bis sie heiß, knusprig und goldbraun ist. Sofort mit grünem Salat servieren.

Die ungewöhnliche Roulade kann gut vorbereitet werden. Wenn man sie erhitzt, wird sie wunderbar knusprig. Dazu passen Tomatensauce (z.B. von S. 28) und dünne grüne Bohnen.

Kohl-Kartoffelpuffer mit Rote-Bete-Relish

honig kohl zwiebel

Für 4 Personen
Vorbereitung: 20 Min.
zzgl. Zeit zum Ruhen
Garzeit: 30 Min.

1 kg Kartoffeln, geschält und in gleich großen Stücken
40 g Butter
1 Spitzkohl oder ähnlicher Kohl
6 Frühlingszwiebeln, fein gehackt
2–3 EL Vollkornmehl
Olivenöl zum Braten
Salz und Pfeffer nach Geschmack
etwas Olivenöl und einige Dillzweige zum Garnieren

Rote-Bete-Relish:
2 gekochte Rote Bete, geschält und gewürfelt
2 EL fein gehackte Zwiebel
1 EL Honig
1 EL Apfelessig

1 Für das Relish Rote Bete in eine Schüssel geben und mit Zwiebel, Honig und Apfelessig vermischen. Mit Salz und Pfeffer abschmecken. Mindestens 30 Min. ziehen lassen, man kann es Stunden vor dem Verzehr zubereiten, dadurch schmeckt es sogar noch besser.

2 In der Zwischenzeit Kartoffeln mit Wasser bedecken und 20 Min. kochen, bis sie weich sind. Abgießen und mit Butter zerstampfen.

3 Kohl in 2 cm kochendes Wasser geben und zugedeckt etwa 6 Min. weich kochen. Gut abtropfen lassen und mit den Frühlingszwiebeln zu den Kartoffeln geben. Mit Salz und Pfeffer abschmecken.

4 Diese Mischung zu 4 großen flachen Puffern formen. Kurz vor dem Servieren in Mehl wenden und in sehr heißem Olivenöl auf beiden Seiten braten, bis sie knusprig und braun sind.

5 Sofort mit einem Spritzer Olivenöl und einigen Dillzweigen garnieren und mit einem großen Löffel Rote-Bete-Relish servieren.

Manchmal sind die einfachsten Dinge die besten! Diese Kartoffelpuffer haben alle meine Gäste geliebt.

Ricotta-Tomaten-Kuchen mit Pestosauce

tomaten basilikum

Für 4 Personen
Vorbereitung: 20 Min.
Garzeit: 1 1/4 Std.

1 kg Ricotta
175 g Parmesan, fein gerieben
50 g geschmolzene Butter
2 Eier plus 2 Eigelbe
2 große Eiertomaten (etwa 250 g), in Scheiben
ein Bund Basilikum, zerrupft
Salz und Pfeffer nach Geschmack
25 g geröstete Pinienkerne und einige Basilikumblätter zum Garnieren

Sauce:
4 EL Pesto
4 EL Wasser

1 Ricotta, Parmesan, Butter, Eier und Eigelbe zu einer glatten Creme verrühren. Mit Salz und Pfeffer abschmecken.

2 Die Hälfte der Mischung in eine Springform (22 cm ø) geben. Die Tomaten darauf verteilen und den zerpflückten Basilikum und etwas Salz und Pfeffer darüberstreuen. Die restliche Ricottamischung vorsichtig darauf verstreichen.

3 Im vorgeheizten Ofen bei 190 °C (Gasherd: Stufe 5) 1–1 1/4 Std. backen, bis der Kuchen etwas aufgegangen und leicht gebräunt ist, sich fest anfühlt und ein hineingestochener Spieß sauber herauskommt. Wenn er zu schnell bräunt, mit Alufolie abdecken.

4 Aus dem Ofen nehmen und 5 Min. ruhen lassen, dann die Ränder lösen und auf eine angewärmte Servierplatte geben.

5 Pesto und Wasser verrühren. Etwas Sauce über den Kuchen träufeln, den Rest in einer Schale separat servieren. Kuchen mit Pinienkernen und Basilikumblättern bestreuen und sofort servieren.

Mexikanische Bohnentorte

bohnen avocado

Für 4 Personen
Vorbereitung: 20 Min.
Garzeit: 35–40 Min.

2 Zwiebeln, gehackt
2 EL Olivenöl
1 grüne Chili, entkernt und gehackt
4 Knoblauchzehen, zerdrückt
4 Dosen rote Kidneybohnen à 400 g, abgespült und abgetropft
4 EL Tomatenmark
2 Eier
Salz und Pfeffer nach Geschmack

Zum Füllen und Garnieren:
220 g Tomaten-Salsa
175 g geriebener Cheddar (oder ähnlicher Käse)
1 große Avocado
300 g saure Sahne
etwas gehackte rote Paprika
1–2 EL gehacktes Koriandergrün
100 g Tortillachips

1 Zwiebeln in Olivenöl etwa 10 Min. anbraten, bis sie weich sind. Grüne Chili und Knoblauch hinzufügen und weitere 1–2 Min. braten.

2 Vom Herd nehmen und mit Bohnen zu einem groben Püree zerstampfen. Tomatenmark und Eier unterrühren und mit Salz und Pfeffer abschmecken.

3 Zwei Springformen (20 cm ø) mit Backpapier auslegen. Die Mischung gleichmäßig auf beide Formen verteilen und im vorgeheizten Ofen bei 180 °C (Gasherd: Stufe 4) 25 Min. backen, bis sie in der Mitte fest ist.

4 Einen der Bohnenkuchen auf eine hitzebeständige Servierplatte stürzen und das Papier abziehen. 4 EL der Salsa darauf verstreichen und den Käse darüber streuen. Den zweiten Kuchen aus der Form nehmen und darauf legen. Vorsichtig, aber fest andrücken. Wenn die Torte nicht sofort serviert wird, mit Alufolie abdecken und kurz vor dem Servieren im Ofen erhitzen, dabei schmilzt die Käseschicht etwas.

5 Zum Servieren die Avocado in lange Spalten schneiden. Die Oberfläche der Torte mit saurer Sahne bestreichen, so dass sie an den Seiten hinunterfließt. Die Avocadospalten darauf verteilen, mit etwas gehackter Paprika und Koriandergrün bestreuen. Einige Tortillachips mit der Spitze hineinstecken (den Rest in einer Schüssel dazu reichen) und sofort servieren.

Diese mexikanische Bohnentorte sieht auf dem Tisch beeindruckend aus und schmeckt einfach köstlich.

Blätterteig-Pie mit Bohnen, Bier und Gemüse

sellerie blätterteig

Für 4 Personen
Vorbereitung: 30 Min.
zzgl. Kühlzeit
Garzeit: 1 Std.

2 EL Olivenöl
2 Zwiebeln, fein gehackt
2 Selleriestangen, in Scheiben
3 Knoblauchzehen, gehackt
1 1/2 EL Mehl
300 ml Gemüsebrühe
150 ml Bier
1 EL Shoyu oder Tamari
2 TL Senf
450 g Karotten, in Scheiben
450 g Lauch, in 2,5 cm Stücken
250 g Mini-Zwiebeln, halbiert oder geviertelt
1 Dose Limabohnen (400 g), abgespült und abgetropft
1–2 EL Zucker
375 g tiefgekühlter Butter-Blätterteig
Salz und Pfeffer nach Geschmack

1 Olivenöl in einem großen Topf erhitzen, die gehackten Zwiebeln und den Sellerie 7–8 Min. zugedeckt glasig dünsten. Knoblauch hinzufügen und 1 Min. weiterdünsten.

2 Das Mehl darüberstreuen und etwa 1 Min. rühren, bis das Mehl gebräunt ist. Brühe und Bier angießen und auf dem Herd weiterrühren, bis die Mischung andickt.

3 Shoyu oder Tamari, Senf und etwas Salz und Pfeffer unterrühren, dann Karotten, Lauch und Mini-Zwiebeln dazugeben. Aufkochen, Hitze reduzieren und zugedeckt etwa 25 Min. köcheln lassen, bis das Gemüse weich ist. Limabohnen und Zucker hinzufügen und mit Salz und Pfeffer abschmecken, dann zum Abkühlen beiseite stellen.

4 Gemüse in eine flache Auflaufform geben. Den Blätterteig auf die Größe der Form zurechtschneiden, überschüssigen Teig in lange Streifen schneiden. Diese mit etwas kaltem Wasser bestreichen und auf den Rand der Form kleben. Den Blätterteigdeckel darauf legen und fest andrücken. Nach Wunsch dekorieren und in die Mitte ein Loch machen, durch das der Dampf austreten kann.

5 Im vorgeheizten Ofen bei 200 °C (Gasherd: Stufe 6) 20 Min. backen, bis der Teig goldbraun und gut aufgegangen ist. Sofort servieren.

Dieses etwas altmodische englische Gericht passt gut zu Kartoffelpüree und einem gekochten grünen Gemüse wie Rosenkohl.

Knusprige Crêpes mit Stilton, Apfel und Salbei an Brombeersauce

Für 4 Personen
Vorbereitung: 30 Min.
Garzeit: 30 Min.

250 g Schalotten, gehackt
1 EL Olivenöl
375 g Äpfel, geschält und gehackt
50 g feine Brotkrumen aus frischem Weißbrot
150 g Stilton (oder anderer Blauschimmelkäse), zerbröselt
1 EL gehackter Salbei
8 Crêpes, nach dem Rezept für Fajitas auf S. 158 ohne Zucker zubereitet oder fertig gekauft
2 Eier, verschlagen
Polentamehl zum Panieren
Raps- oder Erdnussöl zum Frittieren
Salz und Pfeffer nach Geschmack
Mangoldblätter zum Garnieren

Brombeersauce:
4 EL Brombeergelee oder -konfitüre
1 TL Dijonsenf
je 2 EL frisch gepresster Orangen- und Zitronensaft
4 EL Portwein

1 Schalotten in Olivenöl 5 Min. anbraten, Äpfel hinzufügen und zugedeckt weitere 5–10 Min. dünsten, bis beides weich ist. Vom Herd nehmen, mit Brotkrumen, Stilton und Salbei mischen und mit Salz und Pfeffer abschmecken.

2 Auf jeden Crêpe einen Löffel der Füllung an den Rand geben. Die Seiten darüberfalten und wie ein Päckchen aufrollen. Jeden Crêpe in Ei tauchen und mit Polenta rundum panieren. Auf ein Stück Backpapier legen und kühlen.

3 Für die Sauce alle Zutaten in einem kleinen Topf mischen und bei mittlerer Hitze 4–5 Min. zu Sirup einkochen lassen. Zum Servieren in einen Krug geben.

4 Öl auf 180–190 °C erhitzen, wenn ein Brotwürfel in 30 Sek. bräunt, ist es heiß genug. Die Crêpes darin goldbraun und knusprig frittieren, auf Küchenpapier abtropfen. Zum Servieren etwas Sauce auf jeden Teller geben, einen Crêpe darauf legen und mit einem Mangoldblatt garnieren.

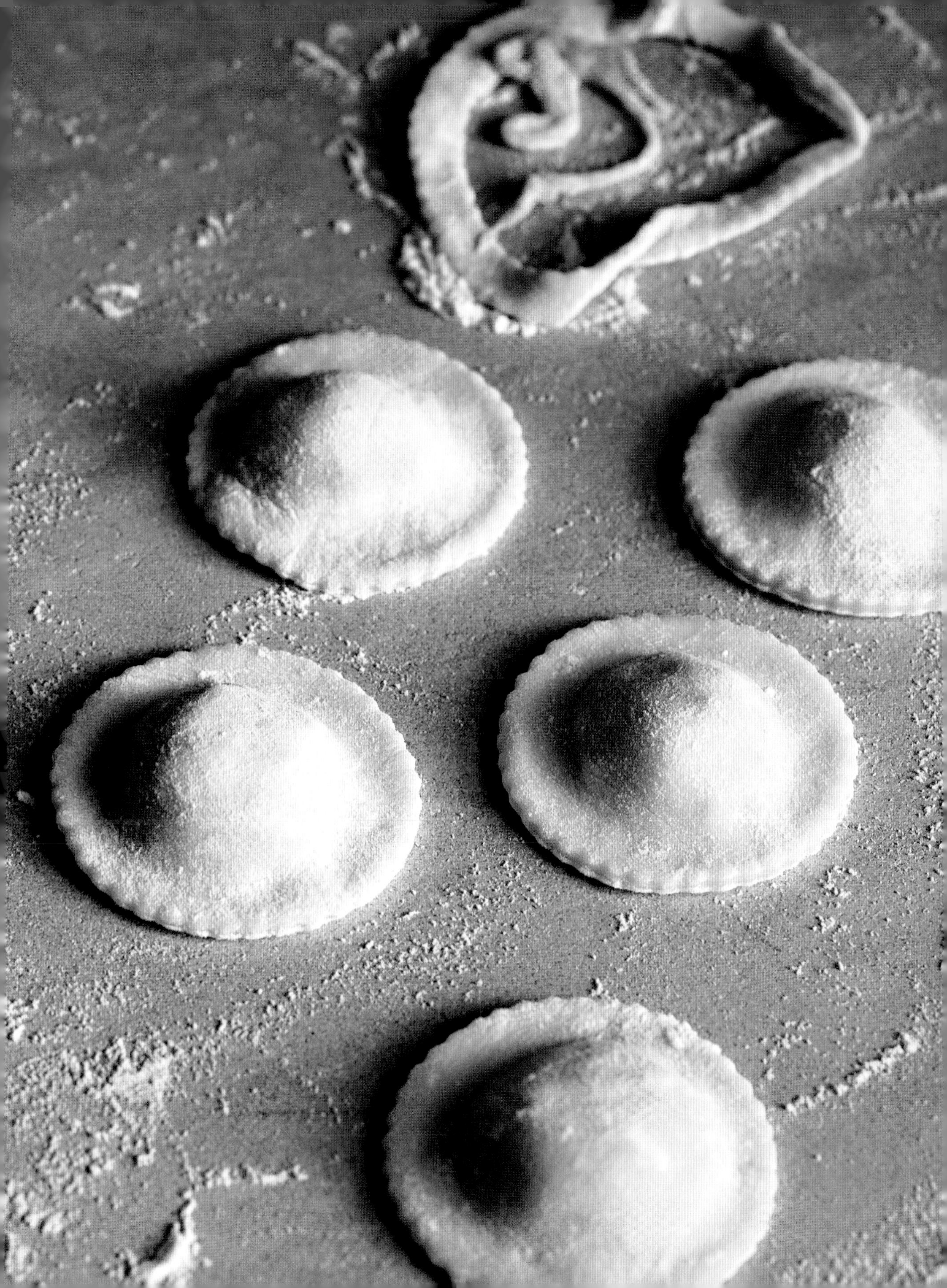

Brie-Soufflés mit Cranberryfüllung

cheddar brie eier

Für 4 Personen
Vorbereitung: 30 Min.
Garzeit: 40 Min.

Cranberryfüllung:
175 g Cranberries
125 g Zucker

Soufflés:
15 g Butter und etwas Butter zum Einfetten
1 EL Mehl
100 ml Milch
1 TL Dijonsenf
40 g geriebener Cheddar
1 Prise weißer Pfeffer
3 Eiweiß
2 Eigelb
100 g Brie, nicht zu reif, in dünnen Scheiben
Salz nach Geschmack

1 Cranberries waschen, in einen Topf geben und 10 Min. vorsichtig erhitzen, bis sie weich sind. Zucker dazugeben und weitere 15 Min. köcheln, bis sie die Konsistenz einer Konfitüre haben. Beiseite stellen.

2 Butter in einem Topf schmelzen und Mehl einrühren. Eine Minute rühren, dann vom Herd nehmen und nach und nach die Milch einrühren. Wieder aufkochen und rühren, bis die Sauce dick wird, dann vom Herd nehmen und Senf, Cheddar, weißen Pfeffer und etwas Salz unterrühren. Leicht abkühlen lassen.

3 Eiweiß steif schlagen. Eigelb zur Mehlmischung geben und einen Esslöffel Eischnee unterrühren, um die Mischung aufzulockern. Den restlichen Eischnee vorsichtig unterheben.

4 Vier Soufflé- oder Auflaufförmchen à 150 ml Inhalt einfetten. Einen Esslöffel der Mischung hineingeben, jeweils 1–2 Scheiben Brie und 1–2 TL Cranberrysauce darauf verteilen. Den Rest der Soufflémischung darauf geben, sie kann bis zum Rand der Förmchen gehen, aber nicht höher.

5 Förmchen auf ein tiefes Backblech stellen, kochendes Wasser angießen, so dass sie zur Hälfte darin stehen und im vorgeheizten Ofen bei 180 °C (Gasherd: Stufe 4) 13–15 Min. backen, bis die Soufflés aufgegangen und goldbraun sind und ein hineingestochener Spieß sauber wieder herauskommt. Sofort servieren.

Man braucht nicht die gesamte Cranberrysauce für die Soufflés, aber weniger herzustellen, lohnt sich nicht. Der Rest kann im Kühlschrank in einem verschlossenen Behälter bis zu vier Wochen aufbewahrt werden.

Kleine Spinat-Erbsen-Törtchen mit Minze

spinat blätterteig

Für 4 Personen
Vorbereitung: 25 Min.
Garzeit: 30 Min.

250 g junge Spinatblätter
200 g tiefgekühlte Erbsen, aufgetaut
4 EL gehackte Minze
375 g Butter-Blätterteig
200 g Knoblauch-Kräuter-Frischkäse
4 EL Sahne zum Glasieren
Salz und Pfeffer nach Geschmack

1 Spinat in einer trockenen Pfanne in 1–2 Min. zusammenfallen lassen, abgießen und abkühlen lassen. Mit Salz und Pfeffer würzen. Erbsen mit Minze pürieren, bis die Mischung zusammenhält.

2 Blätterteig auf einem Brett noch dünner ausrollen. Vier Kreise mit 10 cm ø als Böden ausschneiden und vier Kreise mit etwa 17 cm ø als Deckel.

3 Die kleinen Kreise auf ein Blech legen. Eine Lage Spinat darauf verteilen, dabei 1 cm Rand lassen. Je ein Viertel des Frischkäses daraufgeben und die Erbsen darauf und darum herum verteilen. Mit den größeren Teigkreisen bedecken. Die Ränder mit den Fingern oder einer Gabel gut festdrücken.
In die Mitte jedes Törtchens ein Loch machen und die Oberfläche, wenn gewünscht, mit kleinen Schnitten verzieren. All das kann im Voraus zubereitet werden. Kurz vor dem Backen mit Sahne bestreichen.

4 Im vorgeheizten Ofen bei 200 °C (Gasherd: Stufe 6) etwa 25 Min. backen, bis die Törtchen aufgegangen, goldbraun und knusprig sind. Sofort servieren.

Geschmorter Tofu mit Kräutern und Rotwein

tofu thymian

Für 4 Personen
Vorbereitung: 10 Min.
zzgl. Marinierzeit
Garzeit: 45 Min.

500 g fester Tofu, abgetropft
4 EL Ketjap Manis oder Sojasauce
2–3 EL Olivenöl
2 Zwiebeln, in Ringen
2 Karotten, in dünnen Stäbchen
200 g weiße Rüben, gewürfelt
2 Knoblauchzehen, fein gehackt
2 EL Weinbrand
150 ml Rotwein
450 ml Gemüsebrühe
1 kleiner Bund frischer Thymian
Zucker, Salz und Pfeffer nach Geschmack
gehackte Petersilie zum Servieren

1 Aus dem Tofu 8 „Steaks" schneiden. In eine flache Schale legen und mit Ketjap Manis oder Sojasauce übergießen. Den Tofu darin wenden und mindestens 30 Min. marinieren.

2 Tofu abgießen, die Flüssigkeit aber aufbewahren. 2 EL Olivenöl in einer großen Pfanne erhitzen und Tofu auf beiden Seiten anbraten, bis er gut gebräunt ist. Aus der Pfanne nehmen, wenn nötig, einen weiteren EL Öl in die Pfanne geben, und die Zwiebeln, Karotten und Rüben darin 10 Min. braten, bis sie leicht bräunen.

3 Tofu, die aufbewahrte Marinierflüssigkeit, Weinbrand, Wein, Brühe, Thymian, etwa 1 TL Zucker und etwas Salz und Pfeffer in die Pfanne geben. Etwa 30 Min. sanft köcheln lassen, bis das Gemüse sehr weich und von einer sirupartigen Glasur überzogen ist. Direkt aus der Pfanne mit etwas gehackter Petersilie bestreut servieren.

Schmort man Tofu auf die traditionell französische Art, ist er voller Aroma und köstlichem Saft. Mit cremigem Kartoffelpüree und kurz gekochtem grünen Gemüse oder Salat ist er besonders lecker.

Geräucherte Tofustäbchen mit Erdnussfüllung und Kokosreis

Für 4 Personen
Vorbereitung: 20 Min.
Garzeit: 30 Min.

440 g geräucherter Tofu, abgetropft
75 g Erdnussbutter mit Stücken
1 TL frisch geriebener Ingwer
2 Knoblauchzehen, zerdrückt
4 TL Shoyu oder Tamari zzgl. etwas mehr zum Beträufeln
Kichererbsenmehl zum Panieren
Olivenöl zum Braten
gehacktes Koriandergrün zum Garnieren
süße Chilisauce zum Servieren

Kokosreis:
1 EL Sesamöl
350 g Basmatireis
300 ml Wasser
400 g Bio-Kokosmilch
2 Zitronengrasstängel, zerdrückt
1/2 TL Salz

1 Sesamöl in einem Topf erhitzen, Reis dazugeben und 3–4 Min. rühren, bis er durchsichtig wird. Wasser, Kokosmilch, Zitronengras und Salz hinzufügen. Aufkochen, Hitze reduzieren und zugedeckt bei geringer Hitze 12 Min. köcheln lassen. Vom Herd nehmen und zugedeckt weitere 5 Min. stehen lassen. Zitronengras entfernen und Reis mit einer Gabel auflockern.

2 In der Zwischenzeit Tofu in 4 flache Scheiben schneiden.

3 Erdnussbutter mit Ingwer, Knoblauch und 4 TL Shoyu oder Tamari zu einer dicken, klebrigen Paste vermischen. Etwas Paste auf eine Seite der Tofuscheiben bis zu den Rändern streichen.

4 Jeweils zwei Tofuscheiben mit den bestrichenen Seiten zusammenkleben – wenn man beide Seiten bestreicht, kleben sie besser zusammen.

5 Jedes Tofusandwich in 4 lange oder quer in kurze Stäbchen schneiden. Etwas Tamari auf jede Seite der Stäbchen träufeln und alle Seiten mit Kichererbsenmehl panieren.

6 In Olivenöl von allen Seiten goldbraun und knusprig anbraten.

7 Reis auf eine angewärmte Platte geben. Die Tofustäbchen darauf anrichten und mit gehacktem Koriander bestreuen. Mit Chilisauce servieren.

Pilz-Tempura mit Knoblauchmayonnaise

mayo öl pilze

V

Für 4 Personen
Vorbereitung: 15 Min.
Garzeit: 30 Min.

500 g gemischte Pilze, in mundgerechte Stücke zerteilt
Raps- oder Erdnussöl zum Frittieren
Knoblauchmayonnaise oder Aioli zum Servieren

Tempura-Teig:
100 g Mehl
200 g Maismehl
3 TL Backpulver
200 ml Sprudelwasser
Salz nach Geschmack

1 Kurz vor dem Servieren ausreichend Öl zum Frittieren auf 180–190 °C erhitzen, wenn ein Brotwürfel in 30 Sek. bräunt, ist es heiß genug.

2 Während das Öl heiß wird, den Teig machen. Mehl, Maismehl und Backpulver mit etwas Salz in eine Schüssel geben. Das Wasser dazugießen und mit einer Gabel schnell zu einem Teig verrühren.

3 Die Pilze in den Teig tauchen, dann für 1–2 Min. ins heiße Öl geben, bis sie goldbraun und sehr knusprig sind. Auf Küchenpapier abtropfen lassen. Man kann nicht alle Pilze auf einmal frittieren, aber die erste Ladung bleibt knusprig, während der Rest frittiert wird.

4 Auf eine Platte häufen und sofort mit Knoblauchmayonnaise oder Aioli servieren.

Wenn man eine vegane Mayonnaise herstellt, ist dies ein luxuriöses veganes Hauptgericht. Der ungewöhnliche Tempura-Teig ist leicht und sehr knusprig. Gemischte wilde Pilze aus dem Supermarkt sind perfekt für dieses Rezept.

Riesenchampignons en croûte

weinbrand sahne

Für 4 Personen
Vorbereitung: 10 Min.
Garzeit: 25 Min.

4 braune Riesenchampignons
4 Knoblauchzehen, gehackt
4 TL Weinbrand
90 g vegetarische Tapenade, grün oder schwarz
375 g tiefgekühlter Butter-Blätterteig
4–6 EL Sahne oder Sojasahne zum Glasieren
Salz und Pfeffer nach Geschmack

1 Pilze an den Seiten und der Schnittfläche des Stiels kreuz und quer einschneiden, aber nicht durchschneiden.

2 Knoblauch, Weinbrand und etwas Salz und Pfeffer in die Schnitte reiben und die Tapenade großzügig auf den Pilzen verteilen.

3 Blätterteig auf einem bemehlten Brett so dünn wie möglich ausrollen. In 4 Quadrate schneiden.

4 Pilze mit der Stielseite nach oben auf die Teigstücke legen. Die Seiten nach oben falten, um den Pilz einzupacken, aber nicht ganz verschließen. Päckchen auf ein Blech legen und mit Sahne bestreichen.

5 Im vorgeheizten Ofen bei 200 °C (Gasherd: Stufe 6) 25 Min. backen, bis der Teig aufgegangen und goldbraun ist und die Pilze weich sind.

Dazu passen *Geschmorte Baby-Karotten und Fenchel* (s. S. 44) mit *Kartoffelpüree mit Safran und Knoblauch* (s. S. 47).

Auberginenschnitzel mit Brunnenkresse-Sauce

arame tofu sahne

V

Für 4 Personen
Vorbereitung: 30 Min.
zzgl. Zeit zum Einweichen
Garzeit: 25 Min.

5 g Arame-Algen
2 Auberginen, Stiele entfernt
Olivenöl zum Bepinseln und Braten
220 g geräucherter Tofu, abgetropft
6 EL Speisestärke
5 EL Wasser
25 g Paniermehl
Salz und Pfeffer nach Geschmack
Zitronenscheiben zum Servieren

Brunnenkresse-Sauce:
1 Bund Brunnenkresse
200 ml Sahne oder Sojasahne
1 TL Speisestärke

1 Arame mit kaltem Wasser bedecken und 10 Min. einweichen lassen.

2 In der Zwischenzeit Auberginen längs in 4 Scheiben schneiden oder halbieren und noch mal halbieren. Die Schnittflächen mit Olivenöl bepinseln, in eine Grillpfanne geben und unter dem heißen Grill auf beiden Seiten grillen, bis sie weich und gebräunt sind.

3 Tofu und Algen pürieren. Mit Salz und Pfeffer würzen. Diese Mischung dick auf die Hälfte der Auberginenscheiben streichen, die restlichen Scheiben darauflegen, so dass dicke Sandwiches entstehen.

4 Stärke mit Wasser zu einer Paste zum Panieren vermischen. Auberginenscheiben hineintauchen und im Paniermehl wenden, bis sie rundum bedeckt sind. Auf beiden Seiten in heißem Olivenöl anbraten, auf Küchenpapier abtropfen lassen und mit Zitronenscheiben und der Sauce servieren.

5 Für die Sauce Brunnenkresse, Sahne und Stärke pürieren. Langsam erhitzen und rühren, bis die Sauce andickt.

Dicke Scheiben gegrillter Aubergine, geräucherter Tofu und zarte Algen machen diese Schnitzel wunderbar saftig. Sie schmecken nach Meer und Rauch und sind in einer knusprigen Panade verpackt.

Gebratener Halloumi mit Zitronenglasur und Mangoldsalat

honig mangold

Für 4 Personen
Vorbereitung: 10 Min.
zzgl. Zeit zum Marinieren
Garzeit: 5–10 Min.

500 g Halloumi-Käse, abgetropft
4 EL frisch gepresster Zitronensaft
2 EL flüssiger Honig

Mangoldsalat:
250 g sehr junge Mangoldblätter
2 EL Olivenöl
Salz und Pfeffer nach Geschmack

1 Halloumi in 5 mm dicke Scheiben schneiden. Auf einem Teller in einer Schicht ausbreiten.

2 Zitronensaft mit Honig mischen und darübergießen. Halloumi darin wenden und mindestens 1 Std. marinieren.

3 Kurz vor dem Servieren die Mangoldblätter mit Öl und etwas Salz und Pfeffer vermischen und auf 4 Teller verteilen.

4 Halloumischeiben in einer trockenen Pfanne auf einer Seite goldbraun anbraten, wenden und die andere Seite anbraten. Vorsicht, das geht sehr schnell. Sobald die zweite Seite gebräunt ist, die Marinierflüssigkeit in die Pfanne geben und kochen lassen, bis das meiste verdampft ist und der Halloumi von einer süßen Glasur überzogen ist.

5 Auf dem Salat anrichten und sofort servieren.

Der Halloumi kann einige Stunden im Voraus mariniert werden, sollte aber erst in letzter Minute gebraten werden, damit er leicht und lecker schmeckt.

Linsenfrikadellen im Zitrussüppchen

limette linsen

Für 4 Personen
Vorbereitung: 1 Std.
Garzeit: 45–50 Min.

Linsenfrikadellen:
350 g Berglinsen
1 Zwiebel, grob gehackt
900 ml Wasser
20 g Koriandergrün, gehackt
1 EL gemahlener Koriander
Saft von 1 1/2 Limetten
Olivenöl zum Braten
Salz und Pfeffer nach Geschmack

Süppchen:
600 ml Gemüsebrühe
2 Zitronengrasstängel, zerdrückt
grüner Teil von einem Bund Frühlingszwiebeln
3–4 Kaffir-Limettenblätter
2 Knoblauchzehen
20 g Koriandergrün, gehackt

1 Linsen mit Zwiebel und Wasser in einen Topf geben. Aufkochen, Hitze reduzieren und zugedeckt 40–45 Min. sanft köcheln lassen, bis die Linsen sehr weich sind und das Wasser vollständig aufgenommen wurde. Gegen Ende evtl. etwas Wasser nachfüllen, damit die Linsen nicht anbrennen, aber am Schluss sollte keine Flüssigkeit mehr vorhanden sein.

2 Linsen mit frischem und gemahlenem Koriander, Limettensaft und etwas Salz und Pfeffer zerstampfen. Zu 12 Frikadellen formen, dabei fest zusammendrücken, damit sie beim Braten nicht auseinander fallen. In heißem Olivenöl knusprig braun braten.

3 Für das Süppchen Brühe mit Zitronengras, Frühlingszwiebeln, Limettenblättern und Knoblauch aufkochen, Hitze reduzieren und ohne Deckel einige Minuten köcheln lassen, bis die Flüssigkeit um die Hälfte reduziert ist. Gewürze abseihen, das Süppchen zurück in den Topf geben und mit gehacktem Koriander mischen.

4 Linsenfrikadellen in Suppentellern mit etwas Suppe servieren. Dazu passt Kohl mit Sesam und Ingwer (s. S. 46).

Gemüseterrine mit Rotweinsauce

fenchel eier wein

Für 4 Personen
Vorbereitung: 30 Min.
Garzeit: 1 Std. 5 Min.

3 Knoblauchzehen, gehackt
50 g Butter
2 EL Paniermehl
2 EL Olivenöl
2 Zwiebeln, gehackt
200 g Pastinaken, in 1 cm großen Würfeln
200 g Karotten, in Scheiben
200 g Fenchel, geputzt und gehackt
1 TL Kümmel
200 g gekochte, geschälte Kastanien (vakuumverpackt)
75 g weiche Vollkornbrotkrumen
4 EL Zitronensaft
2 EL Shoyu oder Tamari
3 Eier, verschlagen
2 EL gehackte Petersilie
Salz und Pfeffer nach Geschmack

Rotweinsauce:
2 Zwiebeln, fein gehackt
1 EL Olivenöl
2 EL Mehl
200 ml Gemüsebrühe
200 ml Rotwein
2 EL Shoyu oder Tamari
Zucker nach Geschmack

1 Eine Kastenform für 900 g Inhalt mit einem Streifen Backpapier auslegen. Knoblauch und Butter mischen und mit der Hälfte den Boden und die Seiten der Form einfetten, dann mit der Hälfte des Paniermehls ausstreuen.

2 Olivenöl in einem großen Topf erhitzen und Zwiebeln, Pastinaken, Karotten und Fenchel dazugeben. Zugedeckt 20 Min. köcheln lassen, dabei gelegentlich umrühren, bis das Gemüse weich ist.

3 Kümmel hinzugeben und 1–2 Min. weiterkochen. Vom Herd nehmen und mit Kastanien, Brotkrumen, Zitronensaft, Shoyu oder Tamari, Eiern, Petersilie und etwas Salz und Pfeffer vermischen.

4 In die Kastenform geben und glatt streichen. Das restliche Paniermehl darüber streuen und die Knoblauchbutter in Flöckchen daraufsetzen. Im vorgeheizten Ofen bei 180 °C (Gasherd: Stufe 4) 40 Min. backen, bis die Terrine oben fest aussieht und ein hineingestochener Spieß sauber herauskommt.

5 In der Zwischenzeit die Zwiebeln für die Sauce 10 Min. in Olivenöl anbraten, bis sie weich und leicht gebräunt sind. Mehl darüber streuen und 3–4 Min. rühren, bis es nussbraun ist – die Mischung wird sehr trocken. Brühe und Wein einrühren und bei mittlerer Hitze köcheln lassen, bis die Sauce angedickt ist. Shoyu oder Tamari dazugeben und mit Salz, Pfeffer und evtl. etwas Zucker abschmecken. Die Sauce kann sofort serviert oder durch ein Sieb gegeben werden, wenn man eine glatte Sauce bevorzugt. Mehr Brühe zugeben, wenn man sie dünner haben möchte.

6 Die Terrine in dicken Scheiben mit der Rotweinsauce servieren.

Toover Dhal mit Limette-Koriander-Klößchen

nelken kreuzkümmel

Für 4 Personen
Vorbereitung: 20 Min.
Garzeit: 1 1/4 Std.

Dhal:
350 g Toover (Toor) Dhal (s. S. 185), gründlich in heißem Wasser gewaschen
2 l Wasser
2 EL Olivenöl
2 ganze Nelken
1 Zimtstange
1–2 getrocknete rote Chilis
6 getrocknete Limettenblätter
1 ganze grüne Chili
425 g gehackte Tomaten aus der Dose
1 EL Garam Masala
1 EL frisch gepresster Zitronensaft
Zucker, Salz und Pfeffer nach Geschmack

Koriander-Klößchen:
125 g Mehl
1 TL Backpulver
2 TL Kreuzkümmel
20 g Koriandergrün, gehackt
fein abgeriebene Schale einer unbehandelten Limette
4 EL Olivenöl
4 EL Wasser

1 Toover Dhal mit Wasser in einen großen Topf geben und aufkochen. Mit einem Schaumlöffel den Schaum entfernen, Hitze reduzieren und zugedeckt etwa 1 Std. sanft köcheln lassen, bis die Linsen ganz weich sind.

2 In der Zwischenzeit das Olivenöl in einer mittleren Pfanne erhitzen, Nelken, Zimtstange und getrocknete Chilis hinzufügen. Etwa 1/2 Min. anbraten, Limettenblätter dazugeben und wieder braten. Grüne Chili einige Sekunden mitbraten, dann Tomaten hineingeben. Aufkochen, Hitze reduzieren und ohne Deckel 15–20 Min. köcheln lassen, bis die Mischung ganz dick ist, dabei oft rühren, damit sie nicht anbrennt. Zimtstange, Chili und große Stücke der Limettenblätter entfernen.

3 Den Dhal gut durchrühren, damit er cremig wird, dann die Tomatenmischung, Garam Masala und Zitronensaft dazugeben und mit 1/2–1 EL Zucker und etwas Salz und Pfeffer abschmecken.

4 Für die Klößchen Mehl in eine Schüssel geben und mit den restlichen Zutaten schnell zu einem weichen Teig verarbeiten. Zu 8 Klößchen formen. Dhal leicht zum Kochen bringen und die Klößchen hineingeben. Hitze reduzieren und zugedeckt etwa 15 Min. kochen lassen, bis sie an der Oberfläche schwimmen und innen gar sind.

5 Direkt aus dem Topf servieren oder vorsichtig in eine angewärmte Servierschale umfüllen.

Die Klößchen sind sehr britisch, aber mit den frischen asiatischen Gewürzen passen sie perfekt zum Dhal.

Dekadente Desserts und Kuchen

Bei einem besonderen, erinnerungswürdigen Mahl ist das Dessert der krönende Abschluss und lässt die Gäste das Essen in besonders guter Erinnerung behalten. In diesem Kapitel finden Sie für Ihren „Schlussakt“ eine Auswahl von Leckereien, die alle Sinne befriedigen und vielleicht sogar einen Applaus hervorrufen.

Schmelzende Schokoladentöpfchen

vanille eier kakao

Für 4 Personen
Vorbereitung: 25 Min.
Garzeit: 20 Min.

50 g Butter zzgl. etwas Butter zum Einfetten
100 g Zartbitterschokolade, in Stücken
2 Eier
50 g Zucker
1/2 TL Vanille-Extrakt
1 EL Mehl
8 Stückchen gute weiße Schokolade (etwa 25–50 g)
Kakaopulver zum Bestäuben
Schlagsahne zum Servieren

1 Vier Metallpuddingförmchen mit 150 ml Inhalt am Boden mit Backpapier auslegen und gründlich einfetten.

2 Zartbitterschokolade und Butter im Wasserbad schmelzen, umrühren und leicht abkühlen lassen.

3 Mit dem Handrührgerät Eier, Zucker und Vanille-Extrakt mindestens 5 Min. aufschlagen, bis die Masse hell und dick ist.

4 Die geschmolzene Schokolade und das Mehl vorsichtig unterheben, bis eine glatte Masse entstanden ist. 1 EL der Mischung in jedes Förmchen geben und im vorgeheizten Ofen bei 200 °C (Gasherd: Stufe 6) 5 Min. backen. Aus dem Ofen nehmen und sofort mit dem Rest der Mischung füllen. Zwei Stücke weiße Schokolade auf jedes Förmchen legen und im Ofen weitere 11–12 Min. backen, bis die Schokoladentöpfchen gut aufgegangen sind und an den Rändern leicht knusprig aussehen.

5 Aus dem Ofen nehmen und 1–2 Min. ruhen lassen, dann mit einem Messer vom Rand lösen und auf angewärmte Teller stürzen. Weitere 30 Sek. ruhen lassen und erst dann vorsichtig die Förmchen abheben. Mit etwas Kakaopulver bestäuben und sofort mit Schlagsahne servieren.

Kleine Schokoladendesserts dieser Art sind mittlerweile so etwas wie moderne Klassiker. Diese haben das gewisse Etwas, denn wenn man sie anschneidet, fließt weiße Schokolade heraus. Sie sind einfach herzustellen und können gut vorbereitet werden, so dass man sie nur noch in den Ofen schieben muss.

Kleine Pflaumenküchlein mit Zimtsauce

pflaumen zucker

Für 4 Personen
Vorbereitung: 30 Min.
Garzeit: 30 Min.

Butter zum Einfetten
125 g Zucker, wenn nötig, etwas mehr
500 g Pflaumen, entsteint und in Scheiben
4 EL Wasser

Biskuit:
2 Eier
50 g Zucker
50 g Mehl
1/2 TL Backpulver

Zimtsauce:
2 Eigelb
1 TL Speisestärke
1 EL Zucker
300 ml Milch
1/2 Zimtstange

1 Ein Blech mit Backpapier auslegen und mit Butter einfetten. Vier Backringe von 20 cm ø daraufsetzen und mit etwas Zucker ausstreuen.

2 Pflaumen mit dem restlichen Zucker und Wasser in einen Topf geben und bei geringer Hitze 3–4 Min. köcheln lassen, bis sie gerade weich sind, aber noch nicht zusammenfallen. Vom Herd nehmen, abschmecken und, wenn nötig, mehr Zucker dazugeben.

3 Für den Biskuit Eier und Zucker mit dem Handrührgerät mindestens 5 Min. dick und schaumig schlagen. Das Mehl darübersieben und vorsichtig unterheben.

4 Pflaumen auf die Ringe verteilen, dabei darauf achten, dass jeweils der ganze Ring ausgelegt ist. Den Biskuitteig darüberlöffeln und glatt streichen. Im vorgeheizten Ofen bei 180 °C (Gasherd: Stufe 4) 20 Min. backen, bis keine Vertiefung im Biskuit bleibt, wenn man ihn leicht eindrückt.

5 Für die Zimtsauce Eigelb, Stärke und Zucker in einer Schüssel verrühren. Milch in einem Topf mit der Zimtstange aufkochen. Nach und nach die heiße Milch unter die Eiercreme schlagen. Zurück in den Topf geben und einige Minuten leicht erhitzen, bis die Sauce andickt und eine Löffelrückseite bedeckt. Die Zimtstange entfernen. Heiß oder kalt servieren.

6 Mit einem Messer die Ränder der Biskuits von den Ringen lösen und auf angewärmte Teller stürzen. Etwas Sauce darum verteilen, den Rest in einem Krug dazu servieren.

Backringe sind ideal für dieses Rezept, man kann aber auch flache Spring- oder Quicheformen mit herausnehmbarem Boden nehmen und mit Backpapier auslegen.

Birnen-Brioche-Charlotte

vanille birnen

Für 4 Personen
Vorbereitung: 25 Min.
Garzeit: 1 1/4 Std.

750 g Birnen, geschält, entkernt und in Stücken
2 EL Zucker
2 EL Wasser
1 Vanilleschote
8–10 Scheiben Brioche
125 g geschmolzene Butter
250 g Mascarpone
2 Eigelb
2 EL Demerara-Zucker
Sahne zum Servieren (nach Belieben)

1 Birnen mit Zucker, Wasser und Vanilleschote in einem Topf aufkochen, die Hitze reduzieren und zugedeckt 30 Min. leicht köcheln lassen, bis die Birnen sehr weich sind. Beiseite stellen und vollständig abkühlen lassen.

2 Die Brioche-Scheiben mit der geschmolzenen Butter bestreichen und Boden und Seiten einer Springform (20 cm ø) oder eine Kasserolle damit auslegen. Einige Scheiben als Deckel übrig lassen.

3 Mascarpone weich schlagen. Mit Eigelb, Birnen und der Kochflüssigkeit verrühren. Auf die Brioche-Scheiben geben, die restlichen Scheiben darauf verteilen, mit Butter bestreichen und mit Demerara-Zucker bestreuen.

4 Im vorgeheizten Ofen bei 180 °C (Gasherd: Stufe 4) etwa 40 Min. backen, bis die Charlotte goldbraun, knusprig und in der Mitte fest ist. Gegen Ende der Backzeit mit Alufolie abdecken, wenn sie zu schnell bräunt.

5 Heiß, lauwarm oder kalt und nach Belieben mit flüssiger Sahne servieren.

Bananenkuchen mit Earl Grey

tee eier bananen

Für 4 Personen
Vorbereitung: 10 Min.
zzgl. Zeit zum Ziehen
Backzeit: 30–35 Min.

8 Beutel Earl-Grey-Tee
250 ml kochendes Wasser
1 große Banane
125 g weiche Butter
125 g brauner Zucker
2 Eier
200 g Mehl
1 Päckchen Backpulver

Guss:
175 g Puderzucker
1 TL Butter
1 Tropfen Bergamotte-Öl (nach Belieben)

1 Teebeutel in das kochende Wasser geben, mit einem Teller abdecken und ziehen lassen, bis das Wasser kalt ist.

2 Teebeutel herausnehmen und gut ausdrücken. Von dem Tee 150 ml in einen Mixer geben und mit der Banane pürieren. Mit Butter, braunem Zucker, Eiern, Mehl und Backpulver zu einem leichten, luftigen Teig aufschlagen.

3 Eine Kuchenform (18–20 cm ø) mit Backpapier auslegen und den Teig hineingeben. Glatt streichen und im vorgeheizten Ofen bei 180 °C (Gasherd: Stufe 4) 30–35 Min. backen, bis ein hineingestochener Spieß sauber herauskommt. 1–2 Min. in der Form abkühlen lassen, dann auf einen Rost stürzen und abkühlen lassen.

4 Für den Guss den Puderzucker mit Butter, Bergamotte-Öl und 2 EL des restlichen Tees in einen Topf geben. Bei mittlerer Hitze rühren, bis die Butter geschmolzen ist. Über den Kuchen gießen und fest werden lassen.

Bergamotte-Öl intensiviert den Earl-Grey-Geschmack in diesem stilvollen Kuchen. Es ist in jedem Naturkostladen erhältlich.

Getränkter Zitronen-Mandel-Kuchen mit Beeren

Für 4 Personen
Vorbereitung: 25 Min.
zzgl. Zeit zum Ruhen
Backzeit: 40–45 Min.

175 g weiche Butter
175 g Zucker
2 Eier
fein abgeriebene Schale einer unbehandelten Zitrone
175 g Mehl
1 Päckchen Backpulver
50 g gemahlene Mandeln
Crème fraîche zum Servieren

Zum Tränken:
4 EL Zitronensaft
150 g Puderzucker

Beeren:
500 g gemischte Beeren, z.B. Himbeeren, Erdbeeren, Heidelbeeren und Johannisbeeren, Stiele und Blätter entfernt
Zucker nach Geschmack

1 Den Boden und die kurzen Seiten einer Kastenform (für 900 ml Inhalt) mit einem Streifen Backpapier auslegen.

2 Butter, Zucker, Eier und Zitronenschale schaumig schlagen, dann Mehl, Mandeln und Backpulver unterrühren.

3 Teig in die Form geben und glatt streichen. Im vorgeheizten Ofen bei 160 °C (Gasherd: Stufe 3) 40–45 Min. backen, bis der Kuchen gut aufgegangen ist und ein hineingestochener Spieß sauber herauskommt.

4 5 Min. vor Ende der Backzeit den Zitronensaft mit Puderzucker in einem Topf leicht erhitzen. Rühren, bis der Zucker sich aufgelöst hat.

5 Sobald der Kuchen aus dem Ofen kommt, mit einem Zahnstocher Löcher in die Oberfläche stechen und die Puderzuckermischung darüber gießen. Erst abkühlen lassen, dann den Kuchen aus der Form nehmen und das Papier abziehen.

6 Etwa eine Stunde vor Verzehr die Früchte mit Zucker in eine Schüssel geben und ziehen lassen, dabei von Zeit zu Zeit umrühren. Abschmecken und evtl. nachsüßen. Kuchen mit Beeren und einer Schüssel Crème fraîche servieren.

Tarte Tatin mit Feigen und Ingwer-Sahne

ingwer feigen

Für 4 Personen
Vorbereitung: 25 Min.
Garzeit: 30 Min.

325 g tiefgekühlter Butter-Blätterteig
40 g Butter
900 g Feigen, halbiert
40 g Zucker
25 g geröstete Mandelblättchen (nach Belieben)

Ingwer-Sahne:
275 ml Sahne
3 Stück in Sirup eingelegter Ingwer, sehr fein gehackt

1 Den Blätterteig, wenn möglich, etwas dünner ausrollen, dann einen Kreis ausschneiden, der 1 cm größer als die Kuchenform (26 cm ø) oder Tarte-Tatin-Pfanne (eine kleine Bratpfanne mit ca. 25 cm ø) ist, die man benutzt.

2 Die Butter in einer Pfanne oder Tarte-Tatin-Pfanne schmelzen. Feigen, mit der Schnittseite nach unten, und Zucker hinzufügen. Auf großer Hitze etwa 6 Min. braten, bis die Feigen leicht gebräunt und karamellisiert sind.

3 Wenn man eine Kuchenform benutzt, die Feigen mit der runden Seite nach unten hineingeben, den klebrigen Zuckersirup aus der Form kratzen und dazugeben. (In der Tarte-Tatin-Pfanne ebenfalls mit der runden Seite nach unten arrangieren.)

4 Den Teig darüberlegen und an den Seiten zwischen Feigen und Form (oder Pfanne) festdrücken. Mit einem Zahnstocher mehrfach einstechen und im vorgeheizten Ofen bei 200 °C (Gasherd: Stufe 6) 20–25 Min. backen, bis der Blätterteig goldbraun und knusprig ist.

5 Die Sahne schlagen, bis sich weiche Spitzen bilden, dann den Ingwer unterheben. In eine Schüssel geben und bis zum Verzehr kühlen.

6 Die Tarte mit einem Messer an den Rändern lösen und auf eine Platte stürzen, so dass die Feigen oben liegen. Mit gerösteten Mandelblättchen bestreuen. Einige Minuten ruhen lassen, dann mit Ingwersahne servieren.

Tarte Tatin schmeckt auch mit Aprikosen hervorragend. Ersetzen sie die Feigen einfach durch 900 g halbierte und entsteinte Aprikosen.

Orangencrème mit Karamellsauce

zucker orangen

Für 4 Personen
Vorbereitung: 30 Min.
zzgl. Zeit zum Abkühlen
Garzeit: 35 Min.

Orangencrème:
300 ml Sahne
2 Streifen Orangenschale
6 Eigelb
75 g Zucker

Orangen:
4 reife, süße und saftige Orangen
Zucker nach Geschmack

Karamellsauce:
50 g Butter
5 EL Sahne
4 EL brauner Zucker

1 Den Boden von 4 kleinen Auflaufförmchen mit einem Stück Backpapier auslegen.

2 Sahne und Orangenschale in einem Topf aufkochen. Vom Herd nehmen und leicht abkühlen lassen, die Orangenschale entfernen.

3 Die Eigelbe und 25 g Zucker verschlagen und nach und nach die Sahne unterrühren. In die Förmchen geben und in eine tiefe Auflaufform stellen. Kochendes Wasser angießen, so dass die Förmchen zu 3/4 im Wasser stehen. Im vorgeheizten Ofen bei 140 °C (Gasherd: Stufe 1) etwa 30 Min. backen, bis die Crème in der Mitte gerade fest wird. Aus dem Ofen nehmen, abkühlen lassen und in den Kühlschrank stellen.

4 Orangen filetieren und mit Zucker nach Geschmack in eine Schüssel geben. Bis zum Verzehr in den Kühlschrank stellen.

5 Für die Sauce Butter, Sahne und Zucker in einer Pfanne 2–3 Min. erhitzen, bis eine goldene Karamellsauce entstanden ist.

6 Zum Servieren die Crème mit einem Messer von den Rändern lösen und jeweils auf einen Teller stürzen, dann das Papier entfernen. Mit dem restlichen Zucker bestreuen und mit einem Flambierbrenner zu einer harten Kruste karamellisieren. Alternativ auf eine hitzebeständige Platte stürzen, mit Zucker bestreuen und unter dem heißen Grill 1–2 Min. karamellisieren. Einige Orangenscheiben auf jedem Teller arrangieren und mit Karamellsauce beträufeln. Sofort servieren.

Die unterschiedlichen Texturen und Aromen in diesem Rezept ergänzen sich perfekt. Obwohl es aus mehreren Teilen besteht, sind alle sehr einfach zuzubereiten. Durch einen Flambierbrenner entsteht auf der Orangencrème knuspriges, goldenes Karamell. Stattdessen kann man sie aber auch unter den Grill stellen – egal wie Sie es anstellen, dieses Rezept ist köstlich.

Pavlovas mit Granatapfel und Grenadine

Für 4 Personen
Vorbereitung: 15 Min.
zzgl. Zeit zum Ruhen
Garzeit: 40 Min.

2 Eiweiß
125 g Zucker
1 TL Speisestärke
1/4 TL Essig

Füllung:
Kerne von 2 reifen Granatäpfeln
4 EL Grenadinesirup
300 ml Schlagsahne

1 Eiweiß in einer großen sauberen Schüssel so steif schlagen, dass man die Schüssel umdrehen kann, ohne dass etwas herausfällt. Zucker löffelweise unterschlagen, am Schluss Stärke und Essig unterheben.

2 Baisermasse auf einem Backblech zu vier etwa untertassengroßen Kreisen verstreichen, in die Mitte jeweils eine Vertiefung drücken. Im vorgeheizten Ofen bei 140 °C (Gasherd: Stufe 1) etwa 40 Min. backen, bis die Baisers außen knusprig und innen noch weich sind. Auf dem Blech abkühlen lassen.

3 Während die Pavlovas im Ofen sind, Granatapfelkerne mit Grenadinesirup mischen und ziehen lassen.

4 Zum Servieren die Sahne steif schlagen und auf die Vertiefungen verteilen, die Granatapfelkerne und den Saft darüber geben. Möglichst bald servieren.

Frucht-Sushi

vanille limette

V

Für 4 Personen
Vorbereitung: 20 Min.
zzgl. Zeit zum Kühlen
Garzeit: 25 Min.

Reis:
175 g japanischer Sushi-Reis oder Milchreis
50 g Zucker
400 g Bio-Kokosmilch
1 Vanilleschote
Saft einer Limette

Früchte in Sirup:
125 g Zucker
100 ml Wasser
1 Zitronengrasstängel, zerdrückt
1/2 TL rote Chiliflocken
Saft und abgeschälte Schale einer unbehandelten Limette
1 Karambole, in dünnen Scheiben
1 große, reife Papaya, geschält, entkernt und in Scheiben
2 Kiwis, geschält und in Scheiben

1 Reis, Zucker, Kokosmilch und Vanilleschote in einem Topf zum Kochen bringen. Hitze reduzieren und 20 Min. sanft köcheln lassen, bis die Flüssigkeit aufgenommen und der Reis weich ist. Vom Herd nehmen, den Limettensaft unterrühren und abkühlen lassen.

2 Für den Sirup Zucker und Wasser mit Zitronengras, Chiliflocken und Limettenschale erhitzen, bis der Zucker sich aufgelöst hat. Aufkochen und vom Herd nehmen.

3 Karambole auf einem Teller in einer Lage auslegen und mit heißem Sirup übergießen. Zugedeckt abkühlen lassen, dann Zitronengras und Limettenschale entfernen. Dabei gut ausdrücken, damit der Sirup ihr volles Aroma erhält.

4 Zum Servieren den Sushi-Reis zu kleinen Kreisen von 2 cm ø und 1 cm Dicke formen und mit Karambole, Papaya und Kiwischeiben belegen. Auf Tellern arrangieren und mit Sirup übergießen. Mit den restlichen Früchten servieren.

Süßer Sushi-Reis und Früchte mit Zitronengrasaroma ergeben ein hübsch aussehendes und erfrischendes Dessert.

Panna Cotta mit Kokosmilch und Kaffir-Limette

limette kokosmilch

Für 4 Personen
Vorbereitung: 15 Min.
zzgl. Zeit zum Ziehen und Festwerden
Garzeit: 10 Min.

400 ml Bio-Kokosmilch
150 ml Sahne
3 Kaffir-Limettenblätter
abgeriebene Schale einer unbehandelten Limette
2 EL Zucker
1 Päckchen vegetarische Gelatine (7 g)
Limettenscheiben und frische Kaffir-Limettenblätter zum Garnieren (nach Belieben)

Sirup:
1 Zitronengrasstängel, zerdrückt
Saft und abgeriebene Schale von 2 unbehandelten Limetten
6 EL Zucker

1 Kokosmilch und Sahne mit Limettenblättern und -schale aufkochen, vom Herd nehmen und zugedeckt kalt werden lassen.

2 Limettenblätter herausnehmen. Zucker unterrühren und Gelatine darüber streuen, dabei gut rühren, damit sich keine Klümpchen bilden. Langsam unter Rühren erhitzen. Kurz bevor die Mischung kocht, vom Herd nehmen.

3 In Auflaufförmchen oder Schalen mit 125 ml Inhalt gießen und fest werden lassen, aber nicht in den Kühlschrank stellen.

4 Für den Sirup Zitronengras, Zucker, Limettensaft und -schale langsam erhitzen, bis sich der Zucker aufgelöst hat. Vom Herd nehmen und beiseite stellen, bis er benötigt wird. Vor dem Servieren das Zitronengras entfernen.

5 Panna Cotta auf 4 Teller stürzen und jeweils mit etwas Sirup übergießen. Mit Limettenscheiben und -blättern garnieren.

Gebackene Nektarinen mit Lavendel

Für 4 Personen
Vorbereitung: 10 Min.
Garzeit: 25 Min.

40 g Butter
3 EL Demerara-Zucker
2–3 getrocknete Lavendelblüten
6 Nektarinen, halbiert und entsteint
gekühlter griechischer Joghurt zum Servieren

1 Eine große Auflaufform mit der Hälfte der Butter großzügig einfetten. Mit der Hälfte des Zuckers und des zerbröselten Lavendels bestreuen.

2 Die Nektarinen mit der Schnittseite nach unten in einer Schicht hineingeben. Die restliche Butter in Flöckchen darauf verteilen und mit dem restlichen Zucker und Lavendel bestreuen.

3 Im vorgeheizten Ofen bei 180 °C (Gasherd: Stufe 4) etwa 25 Min. backen, bis die Nektarinen weich sind. Heiß oder lauwarm mit gekühltem griechischem Joghurt servieren.

Ein wunderbar sommerlicher Geschmack – und so einfach herzustellen!

Erdbeeren in Rosengelee

Für 4 Personen
Vorbereitung: 15 Min.
zzgl. Zeit zum Festwerden
Garzeit: 5 Min.

4 EL Zucker
300 ml Himbeer- oder Cranberrysaft
1 Päckchen vegetarische Gelatine (7 g)
4 EL Rosenwasser
450 g Erdbeeren, entstielt und in Scheiben

1 Zucker mit Saft in einen Topf geben. Gelatine darüberstreuen, dabei ständig rühren, damit sich keine Klümpchen bilden. Unter Rühren langsam erhitzen, bis der Zucker sich aufgelöst hat, aufkochen, einige Sekunden kochen lassen und vom Herd nehmen. Das Rosenwasser hinzufügen.

2 Erdbeeren mit Küchenpapier trocken tupfen und auf 4 Gläser verteilen. Gelee darüber gießen und etwa 1 Std. fest werden lassen.

3 Das Gelee wird schnell fest, muss aber innerhalb von ein paar Stunden gegessen werden, da der Saft der Erdbeeren es sonst wieder verflüssigt. Wenn das passiert, ist es zwar kein richtiges Gelee mehr, schmeckt aber immer noch gut. Nicht in den Kühlschrank stellen, da es sonst trüb wird.

Sangria-Obstsalat mit Mandelkeksen

trauben weinbrand

Für 4 Personen
Vorbereitung: 10 Min.
zzgl. Zeit zum Ziehen
Garzeit: 15–20 Min.

Saft und fein abgeriebene Schale einer unbehandelten Orange
4 EL Zucker
4 EL spanischer Rotwein
1 EL Weinbrand
1 EL Cointreau
2 Orangen, filetiert
1 Apfel, geschält und in Scheiben
2 Pfirsiche, entsteint und in dünnen Spalten
175 g grüne Trauben, halbiert und entkernt
einige Zweige frische Minze

Mandelkekse:
175 g Butter
50 g Zucker
175 g Mehl
50 g gemahlene Mandeln
Puderzucker zum Bestäuben

1 Orangensaft und -schale mit dem Zucker, Wein, Weinbrand und Cointreau in eine große Schüssel geben. Das vorbereitete Obst und die Minzezweige dazugeben und vorsichtig umrühren. An einem kühlen Ort mindestens 30 Min. ziehen lassen, bis der Salat benötigt wird.

2 Für die Kekse Butter und Zucker schaumig schlagen, mit Mehl und Mandeln zu einem weichen Teig verarbeiten. Zu 16 gleich großen Ovalen formen und mit viel Platz dazwischen auf einem Backblech verteilen. Mit den Zinken einer Gabel etwas flach drücken.

3 Im vorgeheizten Ofen bei 160 °C (Gasherd: Stufe 3) etwa 15 Min. backen, bis die Kekse leicht Farbe annehmen. Auf dem Blech abkühlen lassen und mit Puderzucker bestäuben. Obstsalat mit Minzezweigen garnieren und mit den Keksen servieren.

Ich verbinde Sangria immer mit Urlaub in der Sonne und wollte diesen Geschmack zu einem Dessert machen. So ist dieses Rezept entstanden.

Rosé-Champagner-Granita mit Himbeeren

beeren bizzel

V

Für 4 Personen
Vorbereitung: 15 Min.
zzgl. Zeit zum Abkühlen und Einfrieren
Garzeit: 5 Min.

200 ml Wasser
225 g Zucker plus 2 EL
1 Flasche Rosé-Champagner (ersatzweise Rosé-Sekt)
375 g Himbeeren

1 Wasser mit 225 g Zucker in einen Topf geben. Langsam erhitzen, bis der Zucker sich aufgelöst hat, aufkochen und vom Herd nehmen. Abkühlen lassen.

2 Den abgekühlten Zuckersirup mit Champagner mischen. In einen flachen Gefrierbehälter gießen, so dass die Mischung etwa 1 cm tief ist, und einfrieren. Dabei von Zeit zu Zeit umrühren, sobald die Ränder angefroren sind. Aufgrund des Alkohols dauert es etwa 4 Std., bis die Granita gefroren ist. Sie wird nicht ganz hart, kann also direkt aus der Tiefkühltruhe serviert werden. Sie kann gut einen Tag im Voraus hergestellt werden.

3 Zum Servieren die Himbeeren mit dem restlichen Zucker mischen und einige Minuten ziehen lassen, bis der Zucker sich aufgelöst hat. Einige Himbeeren auf 4 Servierschälchen verteilen. Die Granita kurz mit einer Gabel aufschlagen und etwas über den Himbeeren verteilen. Abwechselnd Himbeeren und Granita in die Gläser geben und sofort servieren.

4 Man braucht vermutlich nicht die gesamte Granita. Der Rest kann als Nachschlag verbraucht werden oder mit etwas frisch gepresstem rosa Grapefruitsaft als Katerfrühstück am nächsten Morgen dienen. Normaler Sekt schmeckt genauso gut, sieht aber nicht ganz so schön aus.

Ein hervorragendes Finale für ein besonderes Menü.

Affogato mit Mandel-Tuilles

espresso mandeln

Für 4 Personen
Vorbereitung: 30 Min.
Garzeit: 15–20 Min.

600 ml Sahne
400 g gezuckerte Kondensmilch
150 ml frisch gebrühter, starker Espresso

Mandel-Tuilles:
1 Eiweiß
50 g Zucker
25 g Mehl, gesiebt
25 g geschmolzene Butter
40 g Mandelblättchen
geschmacksneutrales Pflanzenöl zum Einfetten, z.B. Traubenkernöl

1 Für die Eiscrème Sahne steif schlagen und mit der Kondensmilch verrühren. In einen Gefrierbehälter geben und in der Tiefkühltruhe fest werden lassen.

2 Für die Tuilles das Eiweiß steif schlagen, dann den Zucker unterrühren. Nach und nach Mehl und Butter zugeben, bis eine glatte Masse entstanden ist. Große Teelöffel des Teigs mit viel Abstand auf ein Blech mit Backpapier setzen (nicht mehr als 4 pro Blech) und mit der Löffelrückseite zu Kreisen von etwa 10 cm ø verstreichen. Mit Mandelblättchen bestreuen. Im vorgeheizten Ofen bei 180 °C (Gasherd: Stufe 4) 4–5 Min. backen, bis die Ränder beginnen zu bräunen.

3 Aus dem Ofen nehmen und 1 Min. abkühlen lassen, bis die Tuilles fest genug sind, um sie vom Blech zu nehmen. Währenddessen ein Nudelholz einölen. Die Tuilles darüber legen und andrücken, so dass sie die Form annehmen. Sobald sie abgekühlt sind, kann man sie auf einen Rost legen.

4 Mit dem Rest des Teigs fortfahren, bis 16 Tuilles entstanden sind. Wenn alle abgekühlt sind, in einer Dose aufbewahren.

5 Zum Servieren Eiscrème in 4 Schüsseln geben. Mit einigen EL heißen Espressos übergießen und sofort mit den Tuilles servieren.

Die Eiscrème ist unglaublich einfach herzustellen und schmeckt hervorragend. Obwohl frisch gebrühter Espresso perfekt dafür ist, kann man auch Instant-Espresso benutzen: Sobald er sich mit dem Eis vermischt hat, schmeckt niemand mehr den Unterschied.

Weißes Schokoladeneis mit Citrussirup

orange limette

Für 4 Personen
Vorbereitung: 15 Min.
zzgl. Zeit zum Abkühlen und Einfrieren
Kochzeit: 15 Min.

750 ml Milch
300 g weiße Schokolade, in Stücke gebrochen
1 1/2 TL Speisestärke
125 ml Sahne

Zitrussirup:
Saft und Schale einer unbehandelten Orange
Saft und Schale einer unbehandelten Zitrone
100 g Zucker

1 Milch aufkochen, vom Herd nehmen und die Schokolade einrühren.

2 Speisestärke mit etwas Sahne zu einer glatten Paste verrühren. Die Schokoladenmilch wieder erhitzen, Speisestärke unterrühren und die restliche Sahne dazugeben. Zum Kochen bringen und 1–2 Min. rühren, bis die Mischung andickt. Vom Herd nehmen und abkühlen lassen.

3 Die Schokoladenmischung in einen Gefrierbehälter geben und einfrieren. Dabei gelegentlich umrühren, bis das Eis fest ist.

4 Orangen- und Limettensaft und Schale in einem kleinen Topf mit dem Zucker aufkochen. Hitze reduzieren und 5 Min. köcheln lassen, bis der Sirup etwas eingekocht und dick ist. Vorsicht, dabei brennt er schnell an. Beiseite stellen, bis er benötigt wird.

5 Das Eis etwa 30 Min. vor dem Servieren aus dem Gefrierfach nehmen, damit es etwas weich werden kann, dann in Servierschälchen geben. Wenn der Sirup zu dickflüssig geworden ist, mit einem TL heißem Wasser verrühren. Etwas Sirup über jede Portion Eis geben und sofort servieren.

Die Gefrierzeit dieser Eiscrème ist sehr lang, da sie vor allem aus Milch besteht und nicht sehr viel Fett enthält. Deshalb ist es besser, sie ins Gefrierfach zu stellen, als eine Eismaschine zu benutzen. Wenn man das beachtet, ist auch diese Eiscrème extrem einfach herzustellen.

Schokoladentrüffel

süsse schokolade

Ergibt etwa 22 Stück
Vorbereitung: 30 Min.
zzgl. Kühlzeit
Kochzeit: 5 Min.

Weiße Schokolade und Kaffee-Trüffel:
100 g weiße Schokolade
25 g kalte Butter, in kleinen Stücken
75 ml kalte Sahne
1/2 TL Instant-Espressopulver
1 TL kochendes Wasser
100 g geschmolzene weiße Schokolade, gesiebtes Kakaopulver oder fein gemahlene geröstete Haselnüsse zum Wälzen

Milchschokoladentrüffel mit weichem Kern:
100 g Milchschokolade
25 g kalte Butter, in kleinen Stücken
2 EL kalte Sahne
1 TL Weinbrand (nach Belieben)
150 g geschmolzene Milchschokolade, gesiebtes Kakaopulver oder fein gemahlene, geröstete Haselnüsse zum Wälzen

1 Für die weißen Trüffel 100 g weiße Schokolade im Wasserbad schmelzen. Vom Herd nehmen und erst die kalte Butter, dann die Sahne unterrühren. Den Kaffee im kochenden Wasser auflösen und dazugeben. Gut verrühren und im Kühlschrank 1 Std. fest werden lassen.

2 Aus der Mischung 10 gleich große Kugeln formen. Auf Backpapier im Gefrierfach nochmals eine Std. kühlen.

3 Die Kugeln in geschmolzene Schokolade tauchen oder in Kakao oder gemahlenen Nüssen wälzen. Die geschmolzene Schokolade wird auf den gefrorenen Trüffeln sehr schnell fest. Auf Backpapier im Kühlschrank aufbewahren.

4 Für die Milchschokoladentrüffel die Schokolade wie zuvor schmelzen, vom heißen Wasser nehmen und Butter, Sahne und Weinbrand unterrühren. Im Kühlschrank fest werden lassen und fortfahren wie bei den weißen Trüffeln beschrieben.

5 Alle Trüffel bis zum Verzehr im Kühlschrank aufbewahren.

Diese Trüffel sind innen weich wie belgische Pralinen. Sie sind himmlisch und den Aufwand durchaus wert.

Besondere Ideen für die Gartenparty

Ich liebe es, draußen zu essen: Vom ersten warmen Frühlingstag bis spät in den Herbst bin ich dort zu finden. Mahlzeiten, die mit den Fingern gegessen werden können, starke Gewürze und eine entspannte Atmosphäre passen dazu und die Rezepte in diesem Kapitel geben hierfür eine gute Auswahl.

Frittierte Kochbanane mit frischem Kokos-Chutney

chili kochbanane

V

Für 4 Personen
(ergibt etwa 20 Stück)
Vorbereitung: 20 Min.
Garzeit: 15 Min.

125 g Kichererbsenmehl
1/2–1 TL getrocknete rote Chiliflocken
1/2 TL Kurkuma
2 TL gemahlener Koriander
2 TL gemahlener Kreuzkümmel
2 TL ganzer Kreuzkümmel
150–200 ml Mineralwasser
1 Kochbanane (etwa 325 g)
Raps- oder Erdnussöl zum Frittieren
Salz nach Geschmack

Kokos-Chutney:
75 g frisch geriebene Kokosnuss (etwa 1/4 einer Kokosnuss)
20 g Koriandergrün
Saft und abgeriebene Schale einer unbehandelten Limette
1 TL schwarze Senfsamen

1 Kokosnuss, Koriander, Limettensaft und -schale in einem Mixer pürieren. Senfsamen einrühren und, wenn nötig, etwas Wasser, bis das Chutney weich und cremig ist. Beiseite stellen.

2 Für den Teig Kichererbsenmehl, Chiliflocken, Kurkuma, gemahlenen Koriander, gemahlenen und ganzen Kreuzkümmel und etwas Salz mit ausreichend Mineralwasser vermischen, damit ein Teig entsteht, der die Rückseite eines Löffels bedeckt.

3 Kurz vor dem Servieren 2,5 cm Öl in einer Pfanne erhitzen. Die Kochbanane schälen und diagonal in etwa 2,5 cm dicke Scheiben schneiden.

4 Eine Scheibe in den Teig tauchen und ins heiße Öl geben – sie sollte sofort anfangen zu brutzeln. Mit mehreren Scheiben wiederholen, bis die Pfanne voll ist. Sobald die Unterseite golden und knusprig ist, wenden. Mit einem Schaumlöffel herausnehmen und auf zerknülltem Küchenpapier abtropfen lassen. Jeden Schwung sofort mit Chutney servieren oder warm halten, bis alle fertig sind, und zusammen heiß und knusprig servieren.

Zucchini-Mais-Küchlein mit Chilisauce

knoblauch dill mais

V

Für 4 Personen
Vorbereitung: 15 Min.
Garzeit: 15 Min.

2 EL Olivenöl zzgl. etwas Öl zum Braten
250 g kleine Maiskölbchen, in 5 mm dicken Scheiben
400 g grob geriebene Zucchini
3 Knoblauchzehen, zerdrückt
5 EL Masa Harina (s. S. 184)
1 TL gemahlener Kreuzkümmel
1 TL getrocknete Dillspitzen
Salz und Pfeffer nach Geschmack
3 EL gehacktes Koriandergrün
rote Chilisauce zum Servieren

1 In einem großen Topf 2 EL Olivenöl erhitzen, Mais, Zucchini und Knoblauch dazugeben. Bei geringer Hitze unter häufigem Rühren 5 Min. dünsten, bis das Gemüse weich ist.

2 Masa Harina, Kreuzkümmel, Dill und etwas Salz und Pfeffer hinzufügen und 2–3 Min. auf dem Herd rühren, bis die Mischung sehr dick ist und gut zusammenhält. Abkühlen lassen, bis man mit der Hand Küchlein von 5 cm ø formen kann ohne sich zu verbrennen. Es sollten etwa 12–14 Küchlein entstehen.

3 Etwas Olivenöl in einer Pfanne erhitzen und die Küchlein von beiden Seiten darin goldbraun und knusprig anbraten. Auf Küchenpapier abtropfen lassen.

4 Auf einem Teller anrichten, mit dem gehackten Koriandergrün bestreuen und sofort mit der roten Chilisauce als Dip servieren.

Da diese Küchlein gut zusammenhalten, kann man sie auch auf einem Holzkohlegrill zubereiten.

Zitronen-Falafel

tahini kichererbsen

Für 4 Personen
Vorbereitung: 20 Min.
Garzeit: 2–3 Min.

2 Dosen Kichererbsen à 400 g
2 Knoblauchzehen, zerdrückt
4 EL frisch gepresster Zitronensaft
2 EL Tahini
Salz und Pfeffer nach Geschmack
Zitronenspalten zum Servieren

Zum Panieren:
6 EL Speisestärke
5 EL Wasser
25 g Paniermehl
Raps- oder Erdnussöl zum Frittieren

1 Kichererbsen gut abtropfen lassen, die Flüssigkeit aufbewahren. Mit Knoblauch, Zitronensaft, Tahini, und etwas Salz und Pfeffer zu einer glatten Masse pürieren. Wenn sie zu fest ist, etwas Flüssigkeit aus der Dose hinzufügen. Die Konsistenz sollte leicht und luftig sein, aber fest genug, damit die Bällchen zusammenhalten.

2 Speisestärke mit Wasser zu einer dicken Paste verrühren. Aus der Kichererbsenmasse Bällchen formen und darin wenden, dann mit Paniermehl rundum panieren.

3 Ausreichend Öl zum Frittieren auf 180–190 °C erhitzen, wenn ein Brotwürfel in 30 Sek. bräunt, ist es heiß genug. Die Falafel darin 2–3 Min. frittieren. Auf Küchenpapier abtropfen lassen und sofort mit Zitronenspalten servieren.

Diese leckeren Falafel sind innen cremig wie Hummus und außen besonders knusprig.

Bohnen-Reis-Bällchen mit Teriyaki-Dip

bohnen ingwer

Ergibt 18 Stück
Vorbereitung: 20 Min.
Garzeit: 1 Std. 5 Min.

50 g Adzukibohnen
125 g Vollkornreis
2 TL frisch geriebener Ingwer
300 ml Wasser
2 TL Zitronensaft
Fruchtfleisch von 2–3 Umeboshi-Pflaumen oder 1–2 TL Umeboshi-Paste (s. S. 185)
2–3 EL Sesam
Salz und Pfeffer nach Geschmack

Dip:
3 EL Shoyu oder Tamari
3 EL Mirin

1 Bohnen mit Wasser bedecken und aufkochen, Hitze reduzieren, den Topf halb abdecken und 45 Min. köcheln lassen, bis sie weich sind. Abgießen.

2 Reis und Ingwer in einen Topf mit 300 ml Wasser geben. Aufkochen, Hitze reduzieren und zugedeckt bei geringer Hitze 30–40 Min. kochen lassen, bis der Reis weich ist und das Wasser vollständig aufgenommen wurde.

3 Reis mit Bohnen, Zitronensaft, Umeboshi und etwas Salz und Pfeffer zu einer klebrigen Masse pürieren, die gut zusammenhält.

4 Sesam auf einen Teller geben. Von der Reismischung murmelgroße Stück abbrechen und im Sesam zu Kugeln rollen. Reisbällchen auf ein Blech setzen und im vorgeheizten Ofen bei 180 °C (Gasherd: Stufe 4) 20 Min. knusprig backen.

5 Für den Dip Shoyu oder Tamari und Mirin in einer kleinen Schüssel vermischen und mit den Bällchen servieren.

Auberginensteaks mit Minzeglasur

limette honig minze

V

Für 4 Personen
Vorbereitung: 10 Min.
zzgl. Zeit zum Marinieren
Garzeit: 20 Min.

2 große Auberginen, Stiele entfernt
Saft einer Limette
2 EL Sesamöl
2 EL flüssiger Honig oder Ahornsirup
4 EL gehackte Minze

1 Beide Auberginen längs in je 4 dicke Scheiben schneiden. Jede Scheibe auf beiden Seiten mit einem kreuzförmigen Muster einschneiden – bei insgesamt 4 Scheiben schneidet man dabei die Hautseite ein. Auf ein Blech oder in eine Grillpfanne legen.

2 Limettensaft mit Sesamöl und Honig oder Ahornsirup mischen. Über die Auberginen träufeln, dabei einmal wenden, damit beide Seiten von der Marinade getränkt sind. Mindestens 30 Min. oder bis zu 8 Std. marinieren.

3 Auberginenscheiben auf dem Holzkohlegrill oder unter dem Grill des Elektroherds etwa 20 Min. grillen, bis sie weich und gebräunt sind, dabei einmal wenden.

4 Mit gehackter Minze bestreuen und sofort servieren.

Dieses Gericht ist so einfach und lecker, dass es zu meinem liebsten Auberginenrezept geworden ist.

Tofu mit würziger Kruste und Ahornsirupglasur

Für 4 Personen
Vorbereitung: 10 Min.
Garzeit: 10 Min.

3 EL Paprikapulver
3 TL gemahlener Kreuzkümmel
3 TL gemahlener Koriander
1 1/2 TL Meersalz
750 g fester Tofu, abgetropft
6 EL Olivenöl
9 EL kochendes Wasser
6 EL frisch gepresster Zitronensaft
4 1/2 EL Ahornsirup
50 g Pinienkerne, geröstet
Pfeffer nach Geschmack

1 Paprika mit Kreuzkümmel, Koriander, Salz und etwas Pfeffer mischen und auf einem Teller verteilen.

2 Tofu in 12 „Steaks" zerteilen. In die Gewürze drücken, bis er rundum paniert ist.

3 Olivenöl in einer Pfanne erhitzen, Tofu hineingeben und etwa 4–5 Min. braten, bis er knusprig ist, dann wenden und die andere Seite knusprig braten.

4 Das kochende Wasser mit Zitronensaft und Ahornsirup vermischen. In die Pfanne geben – das Wasser verdampft sehr schnell und hinterlässt eine klebrige Glasur.

5 Tofu auf einer Servierplatte anrichten, mit Pinienkernen bestreuen und sofort servieren.

Räucherkäsewürstchen mit Petersilie

schalotten käse

Ergibt 12 Stück
Vorbereitung: 10 Min.
Garzeit: 5–10 Min.

300 g geräucherter Käse, gerieben
175 g weiche Vollkornbrotkrumen
6 EL gehackte Petersilie
2 Schalotten
Salz und Pfeffer nach Geschmack
Olivenöl zum Bestreichen oder Braten
scharfe Chilisauce zum Servieren

1 Geriebenen Käse, Brotkrumen, Petersilie, Schalotten und etwas Salz und Pfeffer im Mixer zu einem glatten Teig verarbeiten, der zusammenklebt. Daraus 12 dicke Würstchen formen.

2 In etwas heißem Olivenöl 5 Min. braten oder mit Öl bestreichen und auf dem Holzkohlegrill goldbraun und knusprig grillen.

3 Sofort mit scharfer Chilisauce servieren, dann sind sie außen heiß und knusprig und innen schmelzend weich.

Halloumi-Oliven-Stockbrot mit Zitronenbutter

oliven zitronen

Für 4 Personen
Vorbereitung: 20 Min.
zzgl. Zeit zum Aufgehen
Garzeit: 10–15 Min.

500 g Halloumi-Käse, abgetropft
24 große grüne Oliven, entsteint

Hefeteig:
250 g weißes Brotmehl (Type 505)
1/2 Päckchen Trockenhefe
1 TL Salz
175 ml lauwarmes Wasser
2 EL Olivenöl zzgl. etwas Öl zum Bestreichen

Zitronenbutter:
Saft und abgeriebene Schale von 1/2 unbehandelten Zitrone
125 g weiche Butter

1 Für den Teig Mehl, Hefe, Salz, Wasser und 2 EL Olivenöl verrühren, dann einige Minuten kneten. An einem warmen Ort 45 Min. gehen lassen, bis der Teig sich verdoppelt hat.

2 Teig in 24 gleich große Stücke teilen und zu murmelgroßen Kugeln rollen.

3 Halloumi in 24 Würfel zerteilen. Auf die Spieße nacheinander eine Teigkugel, eine Olive und ein Stück Käse auffädeln und zweimal wiederholen, so dass auf jedem Spieß 3 Teigkugeln, Oliven und Halloumistücke stecken. Mit Olivenöl bestreichen und in eine Grillpfanne oder auf ein Blech legen. Die Spieße mit Frischhaltefolie oder einem sauberen, feuchten Küchenhandtuch abdecken und 50–60 Min. aufgehen lassen.

4 Im vorgeheizten Oven bei 200 °C (Gasherd: Stufe 6), unter dem heißen Grill oder auf dem Holzkohlegrill auf jeder Seite etwa 5 Min. backen.

5 Für die Zitronenbutter Saft, Schale und Butter miteinander verschlagen und zu den Spießen servieren.

Der Hefeteig ist schnell gemacht, man kann aber auch fertigen, tiefgekühlten Teig kaufen. Man braucht 8 Spieße für dieses Rezept. Holzspieße sollten vorher 10 Min. in kaltes Wasser gelegt werden, damit sie nicht verbrennen.

Mexikanische Quiche mit Kreuzkümmelteig

eier paprika chili

Für 4 Personen
Vorbereitung: 30 Min.
Backzeit: 1 Std.

2 Zwiebeln, gehackt
2 grüne Paprika, entkernt und gehackt
1 EL Olivenöl
800 g gehackte Tomaten aus der Dose
1/2 TL getrocknete rote Chiliflocken
5 sehr frische Eier
Salz und Pfeffer nach Geschmack

Kümmelteig:
250 g Mehl
2 TL Kreuzkümmel
125 g Butter
etwa 4 EL kaltes Wasser

1 Für den Teig Mehl, Kümmel und Butter in eine Schüssel geben und mit den Fingern zu feinen Krümeln verreiben. Mit etwa 3–4 EL kaltem Wasser zu einem geschmeidigen Teig verarbeiten. Auf einer bemehlten Oberfläche kurz kneten. Ausrollen und in eine gefettete Quicheform (30 cm ø) geben. Andrücken und überstehende Ränder abschneiden. Mit einer Gabel einstechen, ein Stück Backpapier darauflegen und mit getrockneten Bohnen beschweren.

2 Im vorgeheizten Ofen bei 200 °C (Gasherd: Stufe 6) 20 Min. backen, bis der Teig fest und knusprig ist. Papier und Bohnen entfernen und die Ofentemperatur auf 180 °C (Gasherd: Stufe 4) reduzieren.

3 In der Zwischenzeit Zwiebeln und Paprika in Olivenöl zugedeckt 5 Min. dünsten, bis sie anfangen, weich zu werden. Dann Tomaten und Chiliflocken hinzufügen und ohne Deckel auf mittlerer Flamme 25–30 Min. köcheln lassen, bis die Mischung sehr dick ist, dabei ab und zu umrühren, damit sie nicht anbrennt. Vom Herd nehmen und mit Salz und Pfeffer abschmecken.

4 Tomatenmischung auf dem Quicheteig verteilen. Für die Eier in der Mitte und viermal am Rand eine Vertiefung hineindrücken. Die Eier aus den Schalen in die Vertiefungen gleiten lassen und leicht salzen und pfeffern.

5 Mit Alufolie abdecken und 20 Min. backen, bis die Eier gestockt sind.

Diese Quiche sieht mit der scharfen roten Füllung und den Eiern originell aus. Damit die Eier nicht verlaufen, sollte man besonders frische Eier direkt aus dem Kühlschrank verwenden.

Kartoffelgratin mit weißen Trüffeln

butter knoblauch

Für 4 Personen
Vorbereitung: 20 Min.
Garzeit: 30 Min.

1 kg Kartoffeln, geschält und in 5 mm dicke Scheiben geschnitten
2 Knoblauchzehen, zerdrückt
40 g Butter
50 g weiße Trüffel, abgewischt oder 80 g Steinpilze in weißer Trüffelpaste aus dem Glas
200 g Parmesan oder ähnlicher Hartkäse, gerieben
Salz und Pfeffer nach Geschmack
glatte Petersilie zum Garnieren

1 Kartoffeln in kochendem Wasser etwa 10 Min. kochen, bis sie gar, aber noch nicht weich sind. Abgießen.

2 Knoblauch mit Butter mischen und mit der Hälfte eine Springform (24 cm ø) großzügig einfetten. Eine Schicht Kartoffeln darin verteilen, dann etwas Trüffel darüber reiben oder ein wenig Trüffelpaste daraufstreichen. Mit Käse bestreuen und etwas Salz und Pfeffer darüber verteilen.

3 Abwechselnd weiter in die Form schichten, bis alle Zutaten aufgebraucht sind, dabei jede Schicht leicht mit Salz und Pfeffer würzen. Mit einer Schicht Kartoffeln und Käse enden und die restliche Butter in Flöckchen darauf setzen.

4 Im vorgeheizten Ofen bei 230 °C (Gasherd: Stufe 8) etwa 20 Min. backen, bis die Oberfläche knusprig und goldbraun ist.

5 Das Seitenteil der Form entfernen, Torte mit dem Boden der Form auf eine angewärmte Servierplatte gleiten lassen und mit etwas Petersilie darauf sofort servieren.

Der Geschmack dieses Gratins ist unwiderstehlich. Weiße Trüffel sind perfekt, wenn man keine bekommt, ist aber auch Steinpilz-Trüffel-Paste hervorragend. Die Torte ist sehr sättigend, dazu passt am besten ein erfrischender grüner Salat.

Schwarzkohl-Ziegenkäse-Torte

rosinen nüsse käse

Für 4 Personen
Vorbereitung: 20 Min.
Garzeit: 25 Min.

425 g Cavalo Nero (Schwarzkohl, alternativ Grünkohl), die harten Stiele entfernt, Blätter klein geschnitten
200 g Ziegenfrischkäse, in Stücke geschnitten
40 g Rosinen
375 g Butter-Blätterteig
25 g Pinienkerne
25 g Pecorino oder anderer italienischer Hartkäse, gerieben
Salz und Pfeffer nach Geschmack

1 Schwarzkohl in 2,5 cm kochendem Wasser 7–10 Min. garen. Wenn er weich ist, gut abtropfen und abkühlen lassen.

2 Ziegenkäse und Rosinen dazugeben, mit Salz und Pfeffer würzen und vorsichtig, aber gründlich mischen.

3 Blätterteig etwas dünner ausrollen und einen Kreis mit 33 cm ø ausschneiden. Auf ein Blech legen.

4 Kohlmischung darauf verteilen und glatt streichen, dabei einen 2,5 cm breiten Rand frei lassen. Die Ränder nach oben falten, damit eine Kruste entsteht. Mit Pinienkernen und geriebenem Käse bestreuen. Aus dem restlichen Blätterteig lange Streifen schneiden und gitterförmig auf der Füllung verteilen.

5 Im vorgeheizten Ofen bei 200 °C (Gasherd: Stufe 6) etwa 15 Min. backen, bis der Blätterteig aufgegangen und goldbraun ist. Heiß, lauwarm oder kalt servieren.

Eiersalat mit Estragon

eier salat mayo

Für 4 Personen
Vorbereitung: 10 Min.
Garzeit: 10 Min.

8 Eier, hart gekocht
4 EL Mayonnaise
20 g frischer Estragon, gehackt
8 knackige Salatblätter (Kopf- oder Eisbergsalat), die wie eine Schale geformt sind
Salz und Pfeffer nach Geschmack

1 Bei allen Eiern Eigelb vom Eiweiß trennen und beides fein hacken.

2 Eiweiß und bis auf einen Esslöffel das Eigelb mit der Mayonnaise und fast dem gesamten Estragon vermischen. Mit Salz und Pfeffer abschmecken.

3 Salatblätter auf einem Servierteller nebeneinander ausbreiten. Den Eiersalat locker auf die Blätter verteilen, mit dem restlichen Eigelb und Estragon bestreuen und servieren.

Dieser Salat sieht schön aus und ist eine erfrischende Beilage oder Vorspeise.

Jamaikanische Süßkartoffeln

gewürze limette

Für 4 Personen
Vorbereitung: 20 Min.
Garzeit: 20 Min.

4 Süßkartoffeln à 350 g
Limettenspalten zum Servieren

Jamaikanische Jerk-Paste:
1 Zwiebel, grob gehackt
1 rote Chili, entkernt
4 Knoblauchzehen
4 TL getrockneter Thymian
2 TL Piment
1 TL gemahlener Zimt
1/2 TL Muskat
2 EL Olivenöl
1 TL Salz
1 TL Pfeffer

Schnittlauchjoghurt:
2 EL Schnittlauchröllchen
300 ml Joghurt
Salz und Pfeffer nach Geschmack

1 Für die Jerk-Paste alle Zutaten im Mixer zu einer Paste pürieren.

2 Süßkartoffeln in 5 mm dicke Spalten schneiden, sie müssen dünn genug sein, damit sie auf dem Grill nicht verbrennen, bevor sie gar sind. Die Schnittflächen der Spalten mit der Jerk-Paste bestreichen. Auf dem Holzkohlegrill oder unter dem heißen Grill des Ofens auf jeder Seite 5 Min. grillen, bis die Süßkartoffeln weich und die Gewürze knusprig und gebräunt sind.

3 Schnittlauch und Joghurt vermischen und mit etwas Salz und Pfeffer abschmecken. In eine kleine Schale geben.

4 Süßkartoffelspalten sofort sehr heiß mit Schnittlauchjoghurt, Limettenspalten und viel Weißbrot servieren.

Wenn man es sehr eilig hat, kann man jamaikanische Jerk-Paste in Spezialitätenläden auch fertig kaufen.

Reis mit Lauch und Mandeln an Paprika-Mayo

reis oliven paprika

V

Für 4 Personen
Vorbereitung: 20 Min.
Garzeit: 20–25 Min.

250 g Basmatireis
1 TL Kurkuma
450 ml Wasser
450 g Lauch, in 2,5 cm lange Stücke geschnitten
2 EL frisch gepresster Zitronensaft
1 EL Olivenöl
2 TL schwarze Senfkörner
4 EL geröstete Mandelblättchen
50 g kleine grüne Oliven
Salz und Pfeffer nach Geschmack

Paprika-Mayo:
1 große rote Paprika, halbiert und entkernt
2 EL Rotweinessig
6 EL Olivenöl
2 TL Zucker

1 Reis mit Kurkuma und Wasser aufkochen, die Hitze auf kleinste Stufe stellen und den Reis zugedeckt 10 Min. kochen lassen. Vom Herd nehmen und weiterhin zugedeckt 5–10 Min. stehen lassen.

2 In der Zwischenzeit Lauch in kochendem Wasser etwa 10 Min. weich kochen und abgießen.

3 Zitronensaft und etwas Salz und Pfeffer mit dem Reis verrühren, dann den Lauch untermischen.

4 Olivenöl in einer kleinen Pfanne erhitzen, Senfsamen darin 1–2 Min. anbraten, bis sie zu springen beginnen. Mit den Mandelblättchen und den Oliven zum Reis geben.

5 Für die Mayo Paprika mit der Hautseite nach oben unter einen heißen Grill legen und etwa 10 Min. grillen, bis die Haut schwarz ist und Blasen wirft. Abkühlen lassen und die Haut abziehen. Paprika mit Essig, Olivenöl, Zucker und etwas Salz und Pfeffer im Mixer oder mit dem Pürierstab zu einer glatten, dicken und ziegelroten Sauce pürieren. Mit dem Reis servieren. Dieses Gericht kann heiß, lauwarm oder kalt serviert werden.

Buchweizen-Mango-Tabbouleh

mango minze

V

Für 4 Personen
Vorbereitung: 10 Min.
zzgl. Zeit zum Weichwerden
Garzeit: 3–4 Min.

250 g ungerösteter Buchweizen
1 große reife, saftige Mango
ein Bund Minze, gehackt
Saft einer Limette
Salz und Pfeffer nach Geschmack

1 Buchweizen in einem Topf ohne Fett auf mittlerer Hitze unter Rühren 3–4 Min. anrösten, bis er sich golden verfärbt und duftet. Vom Herd nehmen, mit kochendem Wasser bedecken und 10–15 Min. beiseite stellen, damit er weich werden kann.

2 Mango an den Seiten vom Kern abschneiden, schälen und das Fruchtfleisch in Scheiben schneiden.

3 Wenn der Buchweizen weich ist – man kann dann die Körner zwischen Zeigefinger und Daumen zerdrücken – abgießen und in eine Schüssel geben. Mit Mango, Minze, Limettensaft und etwas Salz und Pfeffer vermischen. Sofort essen oder an einem kühlen Ort einige Stunden aufbewahren.

Buchweizen erhält man in Naturkostläden. Man sollte, wenn möglich, die ungeröstete Variante kaufen.

Grüne Oliven mit Pfeffer, Zitrone und Koriander eingelegt

Für 4 Personen
Vorbereitung: 10 Min. zzgl. Marinierzeit

340 g große grüne Oliven in Salzlake, abgetropft
2 Knoblauchzehen, in feinen Scheiben
1 unbehandelte Zitrone
1 EL Koriandersamen
1 EL bunte Pfefferkörner
Olivenöl (extra Virgin) zum Marinieren

1 Oliven mit Knoblauch in eine Schüssel geben. Von einer halben Zitrone dünne Zesten abschälen, wenn möglich mit einem Zestenreißer. Die andere Hälfte in dünne Scheiben schneiden, die Stücke halbieren oder vierteln und in die Schüssel geben.

2 Koriandersamen und Pfefferkörner mit Mörser und Stößel grob zerstoßen, alternativ in einen Gefrierbeutel geben und mit dem Nudelholz klein schlagen. In die Schüssel geben und genug Olivenöl dazugeben, damit die Oliven bedeckt sind. Mindestens 1 Std. marinieren, wenn möglich aber länger.

Warum sollte man Oliven selbst marinieren, wenn es in jedem Supermarkt verschiedene Sorten gibt? Weil sie so einfach herzustellen sind, viel billiger sind und meist aus Zutaten hergestellt werden können, die man vorrätig hat, und vor allem, weil sie einfach herrlich schmecken.

Limabohnensalat mit süßem Chilidressing

bohnen sellerie

V

Für 4 Personen
Vorbereitung: 5 Min.

2 Dosen Limabohnen à 400 g, abgespült und abgetropft
1 TL getrocknete rote Chiliflocken
2 TL Ahornsirup
2 EL Reisessig
2 TL Sesamöl
2 TL Shoyu oder Tamari
2 Frühlingszwiebeln, in dünnen Ringen
3–4 EL grob gehackte Sellerieblätter
50 g gesalzene Erdnüsse, zerdrückt
Pfeffer nach Geschmack

1 Limabohnen in eine Schüssel geben, Chiliflocken, Ahornsirup, Reisessig, Sesamöl, Shoyu oder Tamari und etwas Pfeffer dazugeben und vorsichtig verrühren.

2 Frühlingszwiebeln und Sellerieblätter hinzufügen und nochmals umrühren. Die Erdnüsse erst kurz vor dem Servieren dazugeben, damit sie knusprig bleiben.

Schnelles Kräuter-Brot

thymian salz hefe

V

Für 4 Personen
Vorbereitung: 20 Min. zzgl. Zeit zum Gehen
Garzeit: 20–30 Min.

500 g Mehl (Type 505)
1 Päckchen Trockenhefe
2 TL Meersalz zzgl. etwas Salz zum Bestreuen
350 ml lauwarmes Wasser
6 EL Olivenöl
4 EL gehackter Thymian

1 Mehl, Hefe, 2 TL Salz, Wasser und 2 EL Olivenöl zu einem bindenden Teig verrühren, dann 1 Min. kneten. Abgedeckt 45 Min. stehen lassen, bis der Teig sich verdoppelt hat.

2 Thymian hinzufügen und kurz verkneten. Halbieren und in zwei Kastenformen mit 900 g Inhalt pressen. Mit Klarsichtfolie abdecken und wieder 1 Std. aufgehen lassen.

3 Mit den Fingern einige Vertiefungen in die Oberfläche der Brote drücken. Das restliche Olivenöl darüber versprenkeln und mit Salz bestreuen.

4 Im vorgeheizten Ofen bei 200 °C (Gasherd: Stufe 6) 20–30 Min. backen, bis die Brote goldbraun sind und sich hohl anfühlen, wenn man sie aus der Form hebt und gegen den Boden klopft. Die Backzeit hängt von der genauen Größe der Backform ab. Brote in breiten, flachen Formen sind schneller fertig als solche in tiefen.

5 Für eine knusprige Kruste auf einem Rost abkühlen lassen, für eine weiche zum Abkühlen in ein sauberes Küchenhandtuch wickeln.

Besonders einfach ist dieses Brot, wenn man den Teig in der Küchenmaschine knetet und gehen lässt.

Honig-Mais-Muffins

körner eier honig

Ergibt 12 Stück
Vorbereitung: 20 Min.
Garzeit: 10–15 Min.

75 g Vollkornmehl
100 g grob gemahlenes Maismehl oder Polenta
2 1/2 TL Backpulver
30 g Sonnenblumenkerne
2 Eier
175 ml Milch
6 EL flüssiger Honig
2 EL Olivenöl

1 Die Vertiefungen einer Muffinform mit 12 Papierförmchen auslegen.

2 Mehl mit Maismehl oder Polenta in eine Schüssel geben, mit Backpulver und der Hälfte der Sonnenblumenkerne vermischen.

3 Eier, Milch, Honig und Olivenöl verquirlen und zu den trockenen Zutaten geben. Nur ganz kurz verrühren, bis die Zutaten sich gerade verbunden haben.

4 Teig auf die Förmchen verteilen und mit den restlichen Sonnenblumenkernen bestreuen. Im vorgeheizten Ofen bei 200 °C (Gasherd: Stufe 6) 10–15 Min. backen, bis die Muffins aufgegangen und goldbraun sind und sich bei leichter Berührung fest anfühlen. Diese Muffins schmecken zum Frühstück direkt aus dem Ofen, können aber vor dem Servieren auch kurz im Ofen angewärmt werden.

Fajitas mit Obstsalat

birnen kokosnuss

Für 4 Personen
Vorbereitung: 25 Min.
Garzeit: 15 Min.

Fajitas:
125 g Mehl
2 TL Zucker
2 Eier
300 ml zur Hälfte Milch und Wasser vermischt
etwas geschmacksneutrales Öl zum Braten, z.B. Erdnussöl

Obstsalat:
2 reife Birnen, geschält und in mundgerechte Stücke geschnitten
125 g kleine Erdbeeren, entstielt
125 g blaue oder rote kernlose Trauben, halbiert
2 reife Kiwis, geschält und in Scheiben
Saft einer Orange

Zum Servieren:
geröstete Mandelblättchen oder Kokosflocken
Schlagsahne
Ahornsirup
Zucker
Limettenscheiben

1 Alle Teile dieses Rezept können gut vorbereitet werden. Zunächst die Fajitas zubereiten, die eigentlich süße Pfannkuchen sind. Dazu Mehl, Zucker, Eier und fast die gesamte Milch-Wasser-Mischung verrühren. Die restliche Flüssigkeit, wenn nötig, zugeben, der Teig sollte sehr flüssig sein.

2 Einen EL Öl in einer Pfanne erhitzen. Wenn es heiß ist, die Pfanne schwenken und überschüssiges Öl in eine Tasse gießen. 2–3 EL Teig in die Pfanne geben und schwenken, damit er sich am Boden verteilt. Je nach Größe der Pfanne benötigt man evtl. etwas mehr Teig. Die Fajitas sollten etwas dicker als Crêpes sein, damit sich der Obstsalat gut darin einwickeln lässt.

3 Nach 1–2 Min. mit einer Palette wenden, sobald die Oberfläche gestockt ist. Die zweite Seite benötigt nur noch einige Sekunden. Auf einen Teller geben und für die restlichen Fajitas genauso fortfahren, dabei zwischendurch die Pfanne fetten und die fertigen Fajitas auf dem Teller stapeln.

4 Für den Obstsalat alle Zutaten miteinander vermischen, in eine Servierschüssel füllen und kühl stellen.

5 Fajitas mit einer Schale Obstsalat und kleinen Schälchen Schlagsahne, Mandeln oder Kokosflocken, Ahornsirup, Zucker und Limettenscheiben servieren, damit jeder Gast sich selbst bedienen kann. Ausreichend Servietten und Schälchen mit Wasser für die klebrigen Finger sind eine gute Idee.

Diese süßen Fajitas sind ein leckerer und lustiger Nachtisch für eine Gartenparty mit guten Freunden.

Partybuffets

Partys sind eine gute Gelegenheit zum Angeben, und hier finden Sie die passenden Rezepte dafür. Einige Gerichte sind winzig – gerade ein Mund voll – aber keines ist schwierig. Einige werden kalt serviert, andere aufgewärmt oder kurz vor dem Verzehr gegart. Man sollte 3–4 verschiedene Gerichte auf getrennten Platten anbieten und etwa 5–7 Häppchen pro Person rechnen.

Canapés: Bruschetta mit drei Belägen

zwiebeln dill oliven

Ergibt 24 Stück
Vorbereitung 40 Min.
Garzeit: 30 Min.

Rosmarinbaguette oder Baguette und getrockneter Rosmarin
Olivenöl
Salz und Pfeffer nach Geschmack

Auberginenkaviar:
2 Auberginen
1–2 Knoblauchzehen, zerdrückt
2 EL Tahini
2 EL Olivenöl zzgl. etwas Öl zum Garnieren
2 EL frisch gepresster Zitronensaft
schwarze Oliven zum Garnieren

Ziegenkäse mit karamellisierten Zwiebeln und Rote Bete:
450 g rote Zwiebeln, dünn geschnitten
1 EL Olivenöl
1 EL Zucker
1 EL Rotweinessig
450 g gekochte Rote Bete, gewürfelt
200 g Ziegenfrischkäse
Dillzweige zum Garnieren

Kastanienpâté:
200 g gekochte und geschälte Kastanien
15 g Butter
1 Knoblauchzehe, zerdrückt
2 EL frisch gepresster Zitronensaft
Paprikapulver oder fein gehackte, eingelegte Paprika und Thymianzweige zum Garnieren

1 Zuerst die Bruschetta vorbereiten. Dazu das Baguette in Scheiben schneiden, beide Seiten mit Olivenöl bestreichen und im vorgeheizten Ofen bei 150 °C (Gasherd: Stufe 2) etwa 20 Min. knusprig backen. Bei normalem Baguette vor dem Backen beide Seiten mit einer Prise Rosmarin bestreuen. Auf einem Rost auskühlen lassen. In einem luftdichten Behälter eine Woche haltbar.

2 Nun die Aufstriche vorbereiten. Für den Auberginenkaviar die Auberginen mit einem Zahnstocher häufig einstechen und unter dem sehr heißen Grill 25–30 Min. grillen, bis sie weich sind und außen leicht verkohlt aussehen. Etwas abkühlen lassen und die Haut abziehen. Das Fruchtfleisch mit Knoblauch, Tahini, Olivenöl und Zitronensaft pürieren. Mit Salz und Pfeffer abschmecken und kalt stellen.

3 Für den zweiten Aufstrich die Zwiebeln in Olivenöl 15 Min. zugedeckt sehr weich dünsten, dabei alle 5 Min. umrühren. Zucker, Essig und Rote Bete hinzufügen und ohne Deckel weitere 10–15 Min. köcheln lassen. Vom Herd nehmen, abschmecken und abkühlen lassen.

4 Für die Pâté Kastanien, Butter, Knoblauch und Zitronensaft glatt pürieren und mit Salz und Pfeffer würzen.

5 Ein Drittel der Bruschetta mit Auberginenkaviar bestreichen und mit 1–2 schwarzen Oliven und einem Spritzer Olivenöl garnieren. Ein weiteres Drittel mit Ziegenkäse bestreichen, mit Zwiebeln und Rote Bete belegen und mit einem Dillzweig garnieren. Die restlichen Scheiben mit dem Kastanienpâté bestreichen, mit Paprika bestäuben oder Paprikastückchen darauf verteilen und einen Thymianzweig darauf legen.

Kleine Karotten-Kardamom Tarte Tatins

karotten blätterteig

Ergibt 16 Stück
Vorbereitung: 25 Min.
Garzeit: 35 Min.

750 g Karotten, in dünne Scheiben gehobelt
1 große Knoblauchzehe, zerdrückt
3 EL Olivenöl
175 ml Wasser
1 1/2 TL Zucker
20 Kardamomkapseln
375 g Butter-Blätterteig
Salz und Pfeffer nach Geschmack

1 Karotten mit Knoblauch, Olivenöl, Wasser, Zucker und etwas Salz und Pfeffer in einen Topf geben.

2 Die Kardamomkapseln zerdrücken und die Kerne herausholen. Die Kerne leicht zerdrücken und zu den Karotten geben. Aufkochen, Hitze reduzieren und zugedeckt etwa 10 Min. köcheln lassen, bis die Karotten weich und glänzend sind und das Wasser verschwunden ist. Wenn noch Wasser im Topf ist, ohne Deckel auf großer Flamme kurz weiterkochen, bis es verdampft ist. Abkühlen lassen.

3 Ein tiefes Backblech von 22 x 32 cm mit Backpapier auskleiden. Die Karotten darauf verstreichen. Den Blätterteig darauf legen und gut andrücken. Mit einer Gabel mehrfach einstechen und im vorgeheizten Ofen bei 200 °C (Gasherd: Stufe 6) 15 Min. backen, bis der Teig knusprig und goldbraun ist.

4 Ganz abkühlen lassen, dann auf ein Brett stürzen, so dass die Karotten oben liegen. Mit einem runden Ausstecher (3,5 cm ø) vorsichtig Kreise ausstechen. Evtl. muss dabei mit einem scharfen Messer nachgeholfen werden.

5 Kurz vor dem Servieren auf einer hitzebeständigen Servierplatte kurz im Ofen erhitzen.

Mit dem knusprigen Teigboden und den leuchtend orangen Karotten darauf sehen diese Tarte Tatins hervorragend aus und sind ganz einfach herzustellen.

Brunnenkresse-Roulade

kresse eier käse

Ergibt 18 Stück
Vorbereitung: 25 Min.
Garzeit: 12–15 Min.

25 g Butter
150 g Brunnenkresse, fein gehackt
3 Eier
150 g Knoblauch-Kräuter-Frischkäse
Salz und Pfeffer nach Geschmack

1 Die Butter in einem Topf schmelzen, Brunnenkresse dazugeben und bei mittlerer Hitze etwa 3 Min. kochen, bis die Kresse zusammengefallen ist.

2 Die Wasserkresse pürieren, Eier, Salz und Pfeffer hinzugeben und gut vermischen.

3 Ein tiefes Blech von 22 x 32 cm mit Backpapier auslegen und die Mischung hineingießen. Sie sollte gut in die Ecken fließen. Im vorgeheizten Ofen bei 200 °C (Gasherd: Stufe 6) etwa 12 Min. backen, bis das Ei gestockt ist. Aus dem Ofen nehmen und abkühlen lassen.

4 Die Roulade auf ein Stück Backpapier stürzen und das obere Papier abziehen.

5 Frischkäse weich rühren, evtl. mit 1–2 EL heißem Wasser verdünnen. Gleichmäßig auf der Roulade verstreichen.

6 Auf einer der langen Seiten einen 5 mm tiefen Schnitt machen, aber nicht ganz durchschneiden. Diese Seite nach oben biegen und fest aufrollen. Wenn nötig, in Backpapier einrollen und fest zusammendrücken. Das Backpapier entfernen und in 18 kleine Scheiben schneiden.

Dieses Rezept ist einfach herzustellen, sieht toll aus und schmeckt beeindruckend.

Orientalische Omelette-Röllchen

Ergibt 20 Stück
Vorbereitung: 30 Min.
Garzeit: 15 Min.

10 cm Salatgurke geschält
4 Frühlingszwiebeln
1 EL Reisessig
1 EL Shoyu oder Tamari
1 EL Mirin
4 Eier
Sesamöl
Salz und Pfeffer nach Geschmack

Zum Garnieren:
Sesamsamen
Radieschenrosen
Frühlingszwiebelfächer

1 Gurke und Frühlingszwiebeln in etwa 5 cm lange Stäbchen schneiden. In einer flachen Schale mit Reisessig, Shoyu oder Tamari und Mirin vermischen und beiseite stellen.

2 Eier mit etwas Salz und Pfeffer verschlagen. Etwas Sesamöl in einer Bratpfanne erhitzen.

3 Etwa 1 EL des Eis in die Pfanne geben und breit laufen lassen, das Omelette sollte aber, wenn möglich, rund werden. Sobald das Ei komplett gestockt ist, aus der Pfanne nehmen und aufgerollt auf einen Teller legen. Fortfahren, bis das ganze Ei aufgebraucht ist und 20 Omelettes entstanden sind.

4 Eins der Omelettes entrollen, mit einigen Gurken- und Frühlingszwiebelstäbchen füllen und wieder aufrollen. Mit dem Abschluss nach unten auf eine Servierplatte legen. Mit den restlichen Omelettes genauso verfahren und wie Speichen eines Rads rund um die Servierplatte drapieren.

5 Mit etwas Sesam bestreuen und mit Radieschenrosen und Frühlingszwiebelfächern garnieren. Bis zum Servieren kühl stellen.

Mini-Tortillas

schnittlauch käse

Ergibt 20 Stück
Vorbereitung: 15 Min.
Garzeit: 30 Min.

500 g Kartoffeln, geschält und in gleich große Stücke geschnitten
4 Frühlingszwiebeln, gehackt
1 mittlere rote Paprika, entkernt und sehr fein gehackt
2 Eier, verschlagen
Olivenöl zum Braten
50 g geriebener Gruyère-Käse
5–6 Cocktailtomaten, in Scheiben
Salz und Pfeffer nach Geschmack
150 ml saure Sahne und 2 EL Schnittlauchröllchen zum Garnieren (nach Belieben)

1 Kartoffeln in kochendem Wasser etwa 10 Min. gerade weich kochen. Abgießen und abkühlen lassen.

2 Kartoffeln in Würfel von etwa 2,5 cm Seitenlänge schneiden und mit Frühlingszwiebeln, Paprika, Eiern und etwas Salz und Pfeffer vermischen.

3 Etwas Olivenöl in einer Pfanne erhitzen. Gehäufte Esslöffel der Masse als kreisförmige Häufchen in die Pfanne geben und auf mittlerer Hitze 5 Min. braten, bis der Boden gut gebräunt ist und das Ei an der Oberfläche gestockt ist. Aus der Pfanne nehmen und auf Küchenpapier abtropfen lassen. Kühl aufbewahren, bis sie serviert werden.

4 Vor dem Servieren Tortillas auf einem hitzebeständigen Teller ausbreiten. Jede Tortilla mit etwas Gruyère und einer Tomatenscheibe belegen und unter dem Grill oder im heißen Ofen 5 Min. heiß werden lassen, bis der Käse beginnt zu bräunen. Jeweils mit einem Löffel saure Sahne und einigen Schnittlaufröllchen garnieren und sofort servieren.

Diese Tortillas sind köstlich, vor allem, wenn man sie mit saurer Sahne und Schnittlauch garniert oder eine Schale davon zum Dippen bereitstellt.

Kleine Fetamuffins mit getrockneten Tomaten

basilikum feta

Ergibt 30 Stück
Vorbereitung: 10 Min.
Backzeit: 10 Min.

2 EL Olivenöl zzgl. etwas Öl zum Einfetten
1 Ei
2 EL Tomatenmark
2 EL Wasser
125 g Mehl
2 TL Backpulver
200 g Feta, in kleine Würfel geschnitten
8 in Öl eingelegte, getrocknete Tomaten, abgetropft und fein gehackt
4 EL grob gehackter Basilikum
Salz und Pfeffer nach Geschmack

1 Die Vertiefungen einer Mini-Muffinform mit Papierförmchen auslegen oder gut einfetten.

2 Olivenöl, Ei, Tomatenmark und Wasser miteinander verschlagen.

3 Mehl und Backpulver in eine Schüssel sieben, mit Feta, getrockneten Tomaten, Basilikum und etwas Salz und Pfeffer vermischen. Eine Vertiefung in die Mitte drücken und das Ei hineingeben. Nur ganz kurz verrühren, bis sich die Zutaten verbunden haben.

4 In die Muffinform füllen und im vorgeheizten Ofen bei 190 °C (Gasherd: Stufe 5) etwa 8 Min. backen, bis die Muffins goldbraun sind.

5 Aus dem Ofen nehmen und 5 Min. ruhen lassen, dann mit einem Messer herausheben und auf einem Rost abkühlen lassen.

Besonders lecker schmecken die Muffins warm, man erhitzt sie im vorgeheizten Ofen bei 180 °C (Gasherd: Stufe 4) etwa 5 Minuten.

Bei antihaftbeschichteten Muffinformen lassen sich die Muffins leicht herausheben. Noch einfacher geht es, wenn man kleine Papierförmchen für Pralinen in die Vertiefungen setzt. Diese sehen auch sehr schön aus.

Pecorino-Steinpilz-Häppchen

eier trüffel käse

Ergibt 12 Stück
Vorbereitung: 20 Min.
Garzeit: 25 Min.

450 g Kartoffeln, geschält und in gleich große Stücke geschnitten
2 EL Trüffelöl
25 g Pecorino-Käse, gerieben
1–2 TL Steinpilz-Trüffel-Paste (s. S. 184)
1 großes Ei, verschlagen
4–6 EL Paniermehl
Raps- oder Erdnussöl zum Frittieren
Salz und Pfeffer nach Geschmack

1 Kartoffeln in kochendem Wasser 15 Min. weich kochen. Gut abtropfen lassen. Mit Trüffelöl, Pecorino, Salz und Pfeffer zerstampfen. Beiseite stellen, bis das Püree etwas abgekühlt ist.

2 In 12 gleich große Portionen teilen. Püreestücke flach drücken, jeweils etwa 1/8 TL Trüffelpaste daraufgeben und die Seiten nach oben drücken und verschließen. Die Kugeln mit verschlagenem Ei und Paniermehl von allen Seiten panieren.

3 Ausreichend Öl zum Frittieren auf 180–190 °C erhitzen. Wenn ein Brotwürfel in 30 Sek. bräunt, ist es heiß genug. Die Kartoffelbällchen jeweils 2–3 Min. goldbraun und knusprig frittieren. Auf Küchenpapier abtropfen lassen. Heiß, lauwarm oder kalt servieren.

Geräucherte Tofu-Spießchen mit Satésauce

basilikum ingwer

V

Ergibt 32 Stück
Vorbereitung: 20 Min.
Garzeit: 20–30 Min.

440 g geräucherter Tofu, abgetropft
1–2 EL Sesamöl
1 kleiner Bund Thaibasilikum oder frischer Koriander

Satésauce:
1 EL Erdnussbutter, cremig oder mit Stücken
1/2 TL frisch geriebener Ingwer
1 Knoblauchzehe, zu Paste zerdrückt
200 g Bio-Kokosmilch
getrocknete rote Chiliflocken
Salz und Pfeffer nach Geschmack
süßes Paprikapulver zum Garnieren

1 Tofu in 32 Würfel schneiden. In Sesamöl wenden und in einer Grillpfanne bei mittlerer Hitze unter dem Grill rundum knusprig braun grillen, dabei gelegentlich wenden, damit alle Seiten bräunen. Es dauert etwa 20–30 Min., bis der Tofu wirklich knusprig ist.

2 In der Zwischenzeit Erdnussbutter, Ingwer und Knoblauch in einer Schüssel verrühren und nach und nach Kokosmilch untermischen, bis eine glatte, dicke Sauce entstanden ist. Mit 1–2 Prisen Chiliflocken und etwas Salz und Pfeffer würzen. In eine kleine Servierschüssel füllen und beiseite stellen.

3 Auf jeden Zahnstocher ein kleines Basilikum- oder Korianderblatt und einen Tofuwürfel spießen. Den Dip auf eine Servierplatte stellen, mit etwas Paprikapulver garnieren und die Tofuspieße darum arrangieren. Sie können heiß oder kalt serviert werden.

Mini-Muffins mit Nussbraten

mandeln soja

Ergibt 24 Stück
Vorbereitung: 20 Min.
zzgl. Zeit zum Ruhen
Backzeit: 35 Min.

50 g Mehl
1 Ei
75 ml Milch
75 ml Wasser
2 EL Olivenöl zzgl. etwas Öl zum Einfetten
Salz und Pfeffer nach Geschmack
Meerrettichsauce zum Servieren

Nussbraten:
50 g Mandeln
25 g Vollkornbrot
50 g geriebener Käse
50 g Zwiebel, grob gehackt
1/2 TL gemischte getrocknete Kräuter
1 EL Shoyu oder Tamari

1 Mehl in eine Schüssel sieben und eine Prise Salz dazugeben. Eine Mulde hineindrücken, das Ei hineingeben, leicht verschlagen und nach und nach mit dem Mehl verrühren. Milch und Wasser verrühren und untermischen, jedoch nicht zu lange rühren. Teig in einen Krug füllen, aus dem man ihn gut in die Form gießen kann, und 30 Min. ruhen lassen. Dadurch kann die Stärke quellen und das Gebäck wird leichter.

2 Für den Nussbraten alle Zutaten im Mixer zu einer glatten Paste pürieren, die zusammenhält. Zu 24 kleinen Würstchen formen, rundum mit Olivenöl bestreichen und auf ein Blech legen.

3 In die 24 Vertiefungen einer Mini-Muffinform jeweils einen halben Teelöffel Olivenöl geben und im vorgeheizten Ofen bei 220 °C (Gasherd: Stufe 7) 10 Min. erhitzen, bevor man den Teig hineingibt.

4 Gleichzeitig die Nussbratenstücke in den Ofen geben, da sie länger als die Muffins brauchen. Etwa 15 Min. rösten, bis sie knusprig braun sind.

5 Wenn das Öl in der Muffinform so heiß ist, dass es zu rauchen beginnt, den Teig auf die Vertiefungen verteilen, so dass sie zu zwei Dritteln gefüllt sind. 10 Min. backen, bis die Muffins aufgegangen und goldbraun sind. Aus der Form nehmen und auf einem Rost abkühlen lassen.

6 Zum Servieren auf jeden Muffin ein Stück Nussbraten legen und im Ofen bei 220 °C 4–5 Min. erhitzen. Sofort mit Meerrettichsauce servieren.

Dieses Gebäck schmeckt wunderbar und kann besonders gut vorbereitet werden. Beim Aufwärmen geht der Teig noch einmal schön auf.

Kleine Minzerisottos mit dicken Bohnen

reis minze wein

Für 24 Personen
Vorbereitung: 30 Min.
Garzeit: 30 Min.

300 g gefrorene dicke Bohnen
1 l Gemüsebrühe
1 EL Olivenöl
1 Bund Frühlingszwiebeln, fein gehackt
2 Knoblauchzehen, fein gehackt
400 g Risottoreis
3–4 große Zweige Minze
100 ml trockener Weißwein
50 g Butter
100 g frisch geriebener Parmesan
Salz und Pfeffer nach Geschmack
gehackte Minze zum Garnieren

1 Die Bohnen in wenig kochendem Wasser 4–5 Min. kochen, abgießen und abkühlen lassen. Die leuchtend grünen Bohnen aus ihren grauen Häuten lösen und beiseite stellen.

2 Gemüsebrühe aufkochen, die Hitze reduzieren und auf niedriger Hitze heiß halten.

3 Olivenöl in einem großen Topf erhitzen, die Frühlingszwiebeln hineingeben, umrühren und zugedeckt 3–4 Min. glasig dünsten. Knoblauch hinzufügen und nochmals 1 Min. dünsten.

4 Den Reis und die Minzezweige in den Topf geben und 2–3 Min. rühren, bis der Reis durchsichtig aussieht. Den Wein angießen und rühren, bis er verschwunden ist.

5 Wenn der Wein verdunstet ist, eine Kelle heiße Brühe dazugeben. Rühren, bis auch diese Flüssigkeit aufgenommen wurde. Wieder eine Kelle Brühe hinzufügen und fortfahren, bis der Reis nach etwa 15–20 Min. weich und cremig ist. Mit der letzten Kelle Brühe die Bohnen hinzufügen.

6 Die Minzezweige entfernen, die Butter und die Hälfte des Parmesans unterrühren und mit Salz und Pfeffer abschmecken. Auf kleine Servierschälchen verteilen, mit etwas Parmesan und gehackter Minze bestreuen und sofort mit winzigen Löffeln servieren.

Cremiges Risotto ist, in kleinen Portionen mit winzigen Löffeln serviert, ein sensationelles Partyessen und sehr einfach zuzubereiten.

Himbeer-Sahne-Törtchen

konfitüre sahne

Ergibt 20 Stück
Vorbereitung: 20 Min.
Backzeit: 15–20 Min.

125 g weiche Butter
125 g Zucker
2 Eier
125 g Mehl
2 TL Backpulver
1 EL Wasser
Puderzucker zum Bestäuben

Füllung:
3–4 EL Himbeerkonfitüre
150 ml Schlagsahne, steif geschlagen

1 Butter, Zucker, Eier, Mehl, Backpulver und Wasser aufschlagen, bis der Teig leicht und cremig ist.

2 Ein tiefes Backblech von 22 x 32 cm mit Backpapier auslegen und den Teig hineingeben. Gut in die Ecken fließen lassen und glatt streichen. Im vorgeheizten Ofen bei 160 °C (Gasherd: Stufe 3) 15–20 Min. backen, bis der Teig aufgegangen ist und sich bei leichter Berührung fest anfühlt. Vom Blech nehmen und auf einem Rost abkühlen lassen.

3 Wenn der Kuchen ganz abgekühlt ist, umgedreht auf ein Brett legen und das Papier abziehen. In zwei gleich große Hälften schneiden und eine davon zuerst mit Konfitüre, dann mit Sahne bestreichen. Die andere Hälfte darauf setzen und vorsichtig andrücken. Mit einem runden Ausstecher (3,5 cm ø) Kreise ausstechen und auf eine Servierplatte legen. Mit der Unterseite nach oben sehen sie vermutlich schöner aus, da die Oberseite beim Schneiden einreißen kann.

4 Zum Schluss mit Puderzucker bestäuben und bis zum Servieren kühl stellen.

Besondere Sahnetorten im Miniformat! Die Reste, die beim Ausstechen entstehen, können mit frischen Früchten, etwas Pudding und Konfitüre schnell in einen Trifle verwandelt werden.

Aprikosen gefüllt mit Pekannüssen und Estragon

früchte nüsse saft

V

Ergibt 26 Stück
Vorbereitung: 15 Min. zzgl. Zeit zum Einweichen

250 g getrocknete Aprikosen
300 ml Apfelsaft
225 g veganer Kräuter-Knoblauch-Frischkäse
50 g Pekannüsse
1 kleiner Bund Estragon

1 Aprikosen in einer Schüssel mit Apfelsaft bedecken und 8 Std. oder über Nacht einweichen.

2 Abgießen und die Aprikosen mit Küchenpapier abtupfen. Jede Aprikose mit einem Teelöffel Frischkäse, einer Pekannuss und einem kleinen Zweig Estragon füllen. Mit der Füllung nach oben auf einer Servierplatte anrichten.

Nicht nur Veganer, sondern all ihre Gäste werden diese Köstlichkeit genießen. Veganen Frischkäse bekommt man in guten Naturkostläden.

Beerenspieße mit weißem Schokoladendip

schokolade sahne

Ergibt 20 Stück
Vorbereitung: 15 Min.
Garzeit: 5 Min.

200 g gemischte Beeren: z.B. Erdbeeren (halbiert), große Heidelbeeren, Himbeeren, Brombeeren oder Mini-Kiwis (halbiert)

Weißer Schokoladendip:
100 g weiße Schokolade, in Stücke gebrochen
125 ml Sahne

1 Für den Dip die Schokolade im Wasserbad schmelzen. Vom Herd nehmen und die Sahne einrühren. In eine kleine Servierschale geben und abkühlen lassen.

2 Auf jeden Spieß etwa 2 Beeren spießen, gerade genug für einen Bissen. Um die Dipschüssel herum arrangieren und servieren.

Mit weichen Früchten, Schokolade und Sahne kann man eigentlich nie etwas falsch machen, oder?

Hinweise zu den Zutaten

Arame-Algen: zart-aromatische Algen, die getrocknet in Naturkostläden erhältlich sind. Vor der Zubereitung einfach waschen und kurz einweichen.

Bergamotte-Öl: ein ätherisches Öl, das in kleinen Mengen zum Würzen verwendet werden kann. In Naturkostläden erhältlich.

Buchweizen: eigentlich Samen, jedoch meist als Getreide eingestuft. In Naturkostläden roh oder geröstet erhältlich. Kaufen Sie rohen und rösten sie ihn, wenn nötig, kurz in einer trockenen Pfanne, bevor sie ihn verwenden.

Curryblätter: in indischen Lebensmittelläden und einigen großen Supermärkten erhältlich. Sie lassen sich gut einfrieren, man kann also gut größere Mengen auf Vorrat kaufen.

Essig: Für die meisten Rezepte reicht es aus, wenn man eine Sorte Essig im Haus hat. Ich würde mich für Bio-Apfelessig entscheiden. Es ist jedoch von Nutzen, zwei oder drei verschiedene zu besitzen. Reisessig ist leicht und passt zu chinesischen und japanischen Gerichten, Balsamico dagegen hat einen wunderbar schweren und süßen Geschmack: Je mehr man dafür ausgibt, umso besser ist er.

Garam Masala: Gewürzmischung, die gegen Ende der Kochzeit zugefügt wird, um den Geschmack zu verbessern. Indische Köche rösten und mahlen die Zutaten meist nach ihrem eigenen Rezept selbst, aber die gekaufte Mischung ist auch gut.

Gemüsebrühe: Auch bei Gemüsebrühe sollte man darauf achten, dass sie rein vegetarisch ist. In Naturkostläden gibt es auch Brühe, die für Veganer geeignet ist.

Hefeflocken: getrocknete, inaktive Hefe, in guten Naturkostläden erhältlich. Haben einen angenehm nussigen Geschmack und sind reich an Nährstoffen.

Kaffir-Limettenblätter: in Markthallen und großen Supermärkten frisch und getrocknet erhältlich. Sie sollten schnell verbraucht werden, bevor sie ihr Aroma verlieren.

Ketjap Manis: eine Art indonesische Sojasauce, die süßer und weniger salzig als andere Arten ist. In großen Supermärkten erhältlich. Alternativ kann normale Sojasauce mit Honig gesüßt verwendet werden. An einem kühlen, trockenen Ort aufbewahrt fast unendlich haltbar.

Kokosmilch: Bio-Kokosmilch ist die bessere Wahl, da andere Sorten oft unnötige Zusätze enthalten. Fettarme Kokosmilch ist nur mit Wasser verdünnt, kaufen sie deshalb die vollfette Version und verdünnen sie nach Bedarf selbst.

Masa Harina: spezielles Maismehl zur Herstellung von Tortillas. In einigen großen Supermärkten und in Läden, die mexikanische Lebensmittel führen, erhältlich.

Mirin: ein süßer und starker japanischer Reiswein, der nur zum Kochen verwendet wird. In Asialäden und einigen großen Supermärkten erhältlich.

Miso: fermentierte Sojapaste. Im Allgemeinen ist heller Miso milder im Geschmack und süßlicher als dunkler. In Naturkost- und Asialäden erhältlich. Am gesündesten ist unpasteurisierter Miso, der nicht gekocht oder zu stark erhitzt werden sollte, damit die enthaltenen Enzyme nicht zerstört werden.

Palmzucker: ein brauner, unraffinierter Zucker, der in Asien häufig verwendet wird. In Naturkostläden und einigen großen Supermärkten erhältlich, wird meist als fester Block verkauft. Alternativ kann anderer brauner Zucker (z.B. Muscovado) verwendet werden.

Ras el Hanout: Marokkanische Gewürzmischung, in marokkanischen, türkischen und teilweise in indischen Lebensmittelläden erhältlich.

Sesamöl: Dunkles Sesamöl gibt es in den meisten Supermärkten. Es gibt asiatischen Gerichten eine ganz eigene, köstliche Note. Man benötigt nur sehr kleine Mengen davon.

Steinpilze in Trüffelöl: sowohl Trüffelöl als auch Steinpilz-Trüffelpaste findet man in großen Supermärkten und italienischen Lebensmittelläden.

Tahini: Sesampaste, die Ähnlichkeit mit Erdnussbutter hat, aber keine anderen Zusätze enthält. Helles Tahini ist in Supermärkten und Naturkostläden leichter zu finden und hat einen köstlich cremigen, leicht bitteren Geschmack.

Tamari, Shoyu und Sojasauce: Shoyu ist das japanische Wort für Sojasauce. Diese ist eine vielseitig einsetzbare Würzsauce. Tamari schmeckt etwas strenger und enthält im Gegensatz zu Shoyu kein Getreide. Man sollte versuchen, traditionell und natürlich fermentierte Sojasauce aus biologisch angebautem Soja im Naturkostladen zu kaufen.

Tamarinde: längliche braune Schoten, die Kerne und ein säuerliches Fruchtfleisch enthalten. Wird in ganz Asien zum Säuern verwendet. Tamarindenpaste kann in indischen Lebensmittelläden und großen Supermärkten gekauft werden. Alternativ kann Zitronensaft verwendet werden.

Tofu: Tofu gibt es im Kühlregal vieler Supermärkte. Meist handelt es sich um festen Tofu. Er wird auch in den Rezepten dieses Buchs verwendet. Er ist vielseitig und lässt sich in Scheiben schneiden und braten. Wenn man etwas Flüssigkeit zugibt, kann man ihn auch zu einem Dip oder Dressing verarbeiten. Andere leckere Tofusorten, mit denen man stattdessen experimentieren kann, bekommt man in Asia- und Naturkostläden.

Toover Dahl: spezielle Sorte gelber Linsen, manchmal auch Toor Dahl genannt. Sie haben einen erdigen, fast geräucherten Geschmack und werden oft für Dahl benutzt. Sie sind im Supermarkt und in indischen Lebensmittelläden erhältlich. Wenn sie in Öl eingelegt sind, vor dem Kochen gut mit heißem Wasser abwaschen. Andere gelbe Linsen können alternativ verwendet werden.

Umeboshi-Pflaumen/Umeboshi-Paste: diese japanischen Salzpflaumen schmecken salzig-scharf und eignen sich gut zum Würzen von verschiedenen Speisen. Im Kühlschrank halten sie sich im Glas jahrelang. In guten Naturkostläden zu bekommen.

Ungesüßte Sojasahne: wird genauso wie normale Schlagsahne verwendet. In Naturkostläden erhältlich. Etwas Zucker ist zwar normalerweise enthalten, aber nicht so viel, dass sie süß schmeckt.

Vegetarische Gelatine: In Naturkostläden erhältlich. Sie ist einfach zu benutzen und wird sehr schnell fest.

Vegetarische Worcestersauce: bekommt man in Naturkostläden. Normale Worcestersauce enthält Anchovisextrakt.

Wakame-Algen: großblättrige Algen, die im Aussehen Spinat ähneln, mit mildem Geschmack nach Meer. Getrocknet in Naturkostläden erhältlich.

Wasabi: grüne japanische Meerrettichpaste mit scharfem, senfähnlichen Geschmack. Als Pulver oder Paste in großen Supermärkten und Asia-Läden zu bekommen. Alternativ kann scharfer Senf verwendet werden.

Wilde Pilze: frische wilde Pilze wie Pfifferlinge, Morcheln oder Steinpilze sind im Supermarkt oft sehr teuer, aber für ein besonderes Essen, bei dem nicht gespart werden soll, sind sie ihr Geld allemal wert. Durch ihr geringes Gewicht bekommt man außerdem oft mehr für sein Geld, als man denkt. Getrocknete Pilze sind ein guter Ersatz, vor allem getrocknete Steinpilze bekommt man in den meisten größeren Supermärkten.

Zucker: Wo möglich, kaufe ich statt weißem Zucker Roh-Rohrzucker (und andere Zutaten) aus fairem Handel. Er unterscheidet sich in Geschmack und Nährstoffgehalt nicht wesentlich von normalem Zucker, aber ich finde ihn ästhetisch ansprechender.

Frittieren und Braten

Am gesündesten ist Frittieren mit Raps- oder Erdnussöl, da beide Öle sehr hoch erhitzt werden können. Nach der Benutzung sollten sie entsorgt werden. In einem Wok kann man gut frittieren, da man durch die große Oberfläche weniger Öl braucht. Für kleine Portionen funktioniert auch ein kleiner Topf gut. Zum Anbraten und Rösten benutze ich Olivenöl, das sehr vielseitig ist, Sie sollten aber jeweils die Angaben im Rezept beachten.

Paprika grillen und häuten

Um Paprika zu grillen und zu häuten, die Paprika zunächst halbieren und Stiel und Kerne entfernen. Mit der Hautseite nach oben unter einen Grill legen und bei großer Hitze etwa 10 Min. grillen, bis die Haut schwarz wird und Blasen wirft und das Fleisch weich ist. Abkühlen lassen und die Haut abziehen.

Haselnüsse rösten

Gehäutete Haselnüsse unter dem heißen Grill wenige Minuten rösten, dabei umrühren, damit sie gleichmäßig bräunen. Alternativ auf einem Backblech bei 180 °C (Gasherd: Stufe 4) etwa 8–10 Min. bräunen lassen, dann sofort vom heißen Blech nehmen, damit sie nicht weiterbräunen. Ungehäutete Haselnüsse brauchen etwa 20 Min. Nach dem Abkühlen die Häute mit den Fingern oder einem weichen Tuch abreiben.

Rezepte für Veganer

Viele Rezepte in diesem Buch sind von Natur aus vegan und auch so gekennzeichnet. Andere können leicht dahingehend verändert werden, indem man einzelne Zutaten durch andere ersetzt, z.B. Butter durch Olivenöl oder Margarine, Schlagsahne durch Sojasahne oder Honig durch Ahornsirup. Einige alternative Zutaten für Veganer:

Nicht-vegan	Vegan
Butter	vegane Margarine
Milch	Sojamilch
Sahne	Sojasahne
Joghurt	Sojajoghurt
Frischkäse	veganer Frischkäse
Ziegenkäse	veganer Frischkäse
Feta	veganer Feta
Cheddar (oder anderer fester Käse)	veganer Cheddar (oder anderer fester Käse)
Parmesan	veganer Parmesan
Paneer (indischer Frischkäse)	fester Tofu oder fester veganer Käse
Mayonnaise	vegane Mayonnaise
Sauce Hollandaise	vegane Mayonnaise
Honig	Ahornsirup

Menüvorschläge

Grillfest

Grüne Oliven mit Pfeffer, Zitrone und Koriander eingelegt Ⓥ *(s. S. 152)*
Tofu mit würziger Kruste und Ahornsirupglasur Ⓥ *(s. S. 136)*
Zucchini-Mais-Küchlein mit Chilisauce Ⓥ *(s. S. 128)*
Gebratener Halloumi mit Zitronenglasur und Mangoldsalat *(s. S. 86)*
Buchweizen-Mango-Tabbouleh Ⓥ *(s. S. 151)*
Sangria-Obstsalat mit Mandelkeksen *(s. S. 116)*

Familienmahlzeit

Röstkartoffeln mit Meersalz und Balsamicoessig Ⓥ *(s. S. 48)*
Kichererbsenkuchen mit geröstetem Zitronen-Honig-Gemüse *(s. S. 65)*
Erdbeeren in Rosengelee Ⓥ *(s. S. 115)*

Festliche Gartenparty

Bloody-Mary-Gelee *(s. S. 32)*
Warmer Artischockensalat mit Pfifferlingen *(s. S. 15)*
Kleine Spinat-Erbsen-Törtchen mit Minze *(s. S. 78)*
Pastinaken in Salbeibutter *(s. S. 46)*
Rosé-Champagner-Granita mit Himbeeren Ⓥ *(s. S. 118)*

Romantisches Abendessen

Gerösteter grüner Sesam-Spargel mit Wasabi-Vinaigrette Ⓥ *(s. S. 38)*
Brie-Soufflés mit Cranberryfüllung *(s. S. 76)*
Schmelzende Schokoladentöpfchen *(s. S. 96)*

Spontanes Abendessen

Knuspriger Tofu mit Tomaten-Zitronengras-Sambal Ⓥ *(s. S. 37)*
Reisnudeln mit Chili-Ingwer-Gemüse Ⓥ *(s. S. 56)*
Gebackene Nektarinen mit Lavendel *(s. S. 114)*

Geselliges Beisammensein

Polenta frites mit Dips Ⓥ *(s. S. 40)*
Kohl-Kartoffelpuffer mit Rote-Bete-Relish *(s. S. 68)*
Weißes Schokoladeneis mit Zitrussirup *(s. S. 121)*

Neujahrsbuffet

Geräucherte Tofu-Spießchen mit Satésauce Ⓥ *(s. S. 175)*
Mini-Muffins mit Nussbraten *(s. S. 176)*
Kleine Minzerisottos mit dicken Bohnen *(s. S. 178)*
Himbeer-Sahne-Törtchen *(s. S. 180)*
Beerenspieße mit weißem Schokoladendip *(s. S. 182)*

Abendessen für Freunde

Rosmarinsorbet Ⓥ *(s. S. 26)*
Mexikanische Bohnentorte *(s. S. 71)*
Fajitas mit Obstsalat *(s. S. 158)*

Festliches Menü

Canapés: Bruschetta mit drei Belägen (s. S. 162)
Tomaten-Parmesan-Törtchen mit Basilikumsahne *(s. S. 36)*
Gemüseterrine mit Rotweinsauce *(s. S. 92)*
Kohl mit Sesam und Ingwer Ⓥ *(s. S. 46)*
Tarte Tatin mit Feigen und Ingwer-Sahne *(s. S. 104)*

Festmahl für Veganer

Gekühlte Melonensuppe mit Minze-Granita Ⓥ *(s. S. 24)*
Riesenchampignons en croûte *(s. S. 84)*
Geschmorte Baby-Karotten und Fenchel Ⓥ *(s. S. 44)*
Panna Cotta mit Kokosmilch und Kaffir-Limette Ⓥ *(s. S. 112)*

Index

H

I

J

K

S

T

Danksagung

Ein Buch wie dieses zu schreiben, wäre nicht möglich gewesen ohne die Hilfe von vielen Menschen. Bei ihnen möchte ich mich hiermit bedanken. Da wäre meine wunderbare Herausgeberin Sarah Ford, von der die Idee zu diesem Buch stammt und die viele leckere Ideen beigesteuert hat. Des Weiteren Alison Goff für ihren Enthusiasmus und ihre Unterstützung für dieses Projekt. Ein besonders großer Dank an meine Tochter Claire, die zum Glück zu Hause war, als ich an diesem Buch schrieb und die mit ihren Geschmacksnerven, ihrer Kreativität und ihren Verbesserungsvorschlägen unersetzlich war. Außerdem bei Jason Lowe für die fantastischen Bilder, bei Sunil Vijayakar für das Nachkochen der Rezepte und bei Mary für ihre Hilfe dabei; beim Lektoratsteam Jessica Cowie, Barbara Dixon und Jo Lethaby. Zu guter Letzt Danke an die Grafiker um Tracy Killick und Joanna MacGregor, die dieses Buch so schön gemacht haben, an meine Agentin Barbara Levy und an meinen Ehemann für seine immerwährende Unterstützung und Hilfe.

Herausgeber: Sarah Ford
Redaktion: Jessica Cowie
Executive Art Editor: Joanna MacGregor
Design: Grade Design Consultants, London
Produktionsleitung: Ian Paton

Fotografie: Jason Lowe © Octopus Publishing Group Limited
Food Stylist: Sunil Vijayakar
Prop Stylist: Rachel Jukes

Der Verlag bedankt sich bei Ceramica Blue, 10 Blenheim Crescent, London W11 1NN, GB für die Bereitstellung von Requisiten für die Fotos.